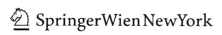

Walter Zschokke

kontextueller Solitär
free-standing in context

Die Wirtschaftskammer
Niederösterreich

Chamber of Commerce
of Lower Austria

**Rüdiger Lainer + Partner
Architekten**

SpringerWienNewYork

© 2008 Springer-Verlag / Wien
Printed in Austria
SpringerWienNewYork is a part of Springer Science + Business Media
springer.at

Grafische Gestaltung / Graphic Design: Angela Althaler, a+o
Umschlagbild / Cover Illustration: Gert Walden

Redaktion / Editor: Ulrike Lenger
Übersetzung / Translation: Roderick O´Donovan
Lektorat / Copy-Editing: Claudia Mazanek
Unterstützung Grafik / Support Graphic Design:
Richard Ferkl, Anja Mönkemöller, Wolfgang Oblasser,
Eduard Rahs und Nicole Six
Bildbearbeitung / Image Processing: Mario Rott
Druck / Printing: Holzhausen Druck + Medien, 1140 Wien

Papier / Paper: PhoeniXmotion Xenon 150g
Schriften / Fonts: Joanna MT, Frutiger LT

Gedruckt auf säurefreiem, chlorfrei gebleichtem Papier – TCF
Printed on acid-free and chlorine-free bleached paper
SPIN: 11929376

Bibliografische Informationen der Deutschen Nationalbibliothek
Die Deutsche Nationalbibliothek verzeichnet diese Publikation in der
Deutschen Nationalbibliografie; detaillierte bibliografische Daten
sind im Internet über http://dnb.d-nb.de abrufbar.

ISBN 978-3-211-49278-9 SpringerWienNewYork

Inhalt

6 ...... Vorwort
8 ...... zwei Dutzend Architekturjahre
18 ...... urbanistisches Schwergewicht an peripherer Lage
22 ...... kontextueller Solitär – aktivierter Außenraum
26 ...... starke Form
30 ...... zweierlei Plastizität
34 ...... Flächen, Bänder, Scheiben, Schichten
38 ...... ankommen und eintreten
42 ...... pulsierendes Atrium
50 ...... informelles Begegnen
54 ...... leitendes Licht
58 ...... Formfarbe – Materialfarbe
64 ...... scheinbar Zufälliges
70 ...... wohnliche Reizstreifen
74 ...... architekturwirksames Tragwerk
78 ...... orientierende Zeichen
84 ...... wachsen, blühen, welken im Raum
88 ...... Programme und Nutzungen
90 ...... Grundrisse und Schnitte
104 ...... Flexibilität und Zukunftsfähigkeit
108 ...... Nutzerzufriedenheit
110 ...... Energie und Nachhaltigkeit
114 ...... Termine, Kosten, Bauabwicklung

Anhang Rüdiger Lainer + Partner Architekten
120 ...... Projektauswahl
132 ...... Biografien
136 ...... Projektteam Wirtschaftskammer NÖ
137 ...... Architekturbüro
138 ...... Bibliographie Auswahl
142 ...... Abbildungsverzeichnis

Contents

7 ...... preface
13 ...... two dozen years of architecture
20 ...... urban heavyweight at a peripheral location
24 ...... contextual freestanding building – activated outside space
29 ...... strong form
32 ...... two kinds of plasticity
36 ...... surfaces, bands, panels, layers
40 ...... arriving and entering
46 ...... pulsating atrium
52 ...... informal meeting zones
57 ...... guiding light
61 ...... form colour – material colour
67 ...... apparently by chance
72 ...... elements of domesticity
76 ...... architecturally effective structure
81 ...... orientation by symbols
86 ...... growing, flowering, withering in interior spaces
89 ...... programmes and functions
90 ...... plans and sections
107 ...... flexible and ready for the future
109 ...... user satisfaction
112 ...... energy and sustainability
116 ...... deadlines, costs, organisation of the construction process

Annex Rüdiger Lainer + Partner Architekten
120 ...... project selection
134 ...... biographies
136 ...... project team Chamber of Commerce of Lower Austria
137 ...... architects
138 ...... selected publications
142 ...... credits

Vorwort

Das Gewinnerprojekt eines Wettbewerbsverfahrens birgt in den guten Fällen eine architektonische Vision. Eine derartige Vision wurde in der engen Zusammenarbeit der Architekten mit der Bauherrschaft, vertreten durch Kommerzialrätin Sonja Zwazl, die Präsidentin, und Dr. Franz Wiedersich, den Direktor der Wirtschaftskammer NÖ, getragen und im neuen Gebäude für die Wirtschaftskammer beispielhaft konkretisiert. Die engagierte Baufrau urteilt wie folgt: „Mit dem neuen Gebäude der WKNÖ ist den Architekten für mich der große Wurf gelungen. Es ist offen, hell und kommunikativ. Durch die vielen Glasflächen und den großen hellen Innenraum wird der Tag, das Wetter, werden sogar die Jahreszeiten erlebbar. Alle Menschen, die bisher im Haus waren, haben sich wohlgefühlt und es gelobt. Was für mich aber noch wichtiger ist: Die Mitarbeiter und Funktionäre der Kammer fühlen sich an ihrem Arbeitsplatz wohl. Die kleinen Nischen geben Platz zur Erholung. Die Kollegen können durchatmen und müssen dafür das Haus nicht verlassen. Ich glaube, dass gerade durch solche kurze Ruhepausen die Qualität der Arbeit der Wirtschaftskammer NÖ sehr hoch ist."

Die intensive Kooperation aller Beteiligten, eine sorgfältige Kostensteuerung und das architektonisch ausgezeichnete Bauwerk sicherten der Trägerschaft im Jahr 2006 den Bauherrenpreis der Zentralvereinigung der Architekten Österreichs. Diese Ehrung belohnt das Engagement privater wie öffentlicher Bauherrschaften für gute Architektur. Das positive Echo von jenen, die im Haus arbeiten, ebenso wie von regelmäßigen oder spontanen Besuchern bestätigt das Urteil der Fachwelt.

Rüdiger Lainer, Oliver Sterl, Walter Zschokke

In positive cases the winning project in a competition embodies an architectural vision. A vision of this kind was developed through the close collaboration between the architects and the client, represented by Kommerzialrätin Sonja Zwazl and Dr Franz Wiedersich, president and director of the WKNÖ (Chamber of Commerce of Lower Austria) respectively, and was implemented in an exemplary way in the new building for the Chamber. Sonja Zwazl, a deeply involved client, assessed the building as follows: "For me the new building for the WKNÖ represents a major success. It is open, bright and communicative. Thanks to the numerous areas of glazing and the large bright interior the day, the weather and even the seasons can be experienced directly. All those who have visited the building so far have expressed their praise and said how well they felt in it. But what is even more important for me is the fact that the staff and officials of the Chamber feel comfortable at their workplaces. The small niches offer space for rest, and staff members can take a break without having to leave the building. I believe that it is precisely thanks to short breaks of this kind that the quality of work in the Chamber of Commerce of Lower Austria is extremely high."

The intensive co-operation of all those involved, the careful monitoring of costs and the architecturally outstanding building led to the client being honoured by the Clients Award of the Central Association of Austrian Architects for 2006. The positive response of those who work in the building, as well as the complimentary comments from regular or spontaneous visitors confirm the decision of the expert assessors.

Rüdiger Lainer, Oliver Sterl, Walter Zschokke

zwei Dutzend Architekturjahre

Das überraschend unkonventionelle neue Bürogebäude für die Wirtschaftskammer Niederösterreich in St. Pölten ist in keiner Weise Zufallsprodukt, vielmehr sind darin die Erfahrungen der Entwerfer über architektonische Wirkungen aus der jüngeren Architekturgeschichte sowie vor allem aus vorangegangenen eigenen Entwürfen verknüpft. Gemeinsam verdichten sie sich in diesem Bauwerk zu innovativer Qualität. Ein eiliger Überblick auf die bisher entstandenen Objekte, die Architekt Rüdiger Lainer, oft in Zusammenarbeit mit Partnern, entworfen hat, zeigt, dass sowohl Wechsel als auch Konstanz zu erkennen sind. Der Wechsel betrifft die architektonischen Themen, die ihn interessierten und die er intensiv bearbeitete. Die Konstanz hingegen erweist sich im insistierenden Befragen der vorgesehenen Nutzungen, um überholte Konventionen durch Konzepte, die veränderten soziokulturellen Verhältnissen Rechnung tragen, abzulösen: das Experiment nicht als formalistischer Selbstzweck, sondern als ein Wesenskern der über den bloßen Auftrag hinaus für sich selber formulierten Aufgabe, zu der mit architektonischen Mitteln eine zeitgemäße Antwort erarbeitet wird.

Das frühe Wettbewerbsprojekt für eine Wohnbebauung an der Engerthstraße kritisierte den damals üblichen Massenwohnbau und lieferte zugleich Vorschläge für Innovationen in städtebaulicher und in architektonischer Hinsicht. Mit dem Österreichischen Staatspreis für Experimentelle Tendenzen in der Architektur belohnt, steht diese Arbeit am Beginn einer Auseinandersetzung mit dem menschlichen Wohnen.

Bei den ersten konkreten Wohnbauten, an der Waidhausenstraße, am Siegesplatz und an der Rothenburgstraße, waren es einerseits flexible Grundrisse, die ein offeneres oder stärker unterteiltes Wohnen zulassen. Zugleich stellte sich Rüdiger Lainer die Frage nach der Physiognomie eines

Engerthstraße

Siegesplatz

Hauses, auf die er plastische, eigenständige Antworten fand, ohne den städtebaulichen Kontext vernachlässigt zu haben.

Bei der darauffolgenden Gruppe von Entwürfen befasste er sich schwerpunktmäßig mit dem Bereich der allgemeinen Erschließung zwischen Haustor und Wohnungstüre. Diese Zone, in der oft genug nur mit einer Fußmatte symbolisch ein Rest von Privatheit angedeutet ist, dehnte er in einem Wohnbau an der Wiedner Hauptstraße zu einer Raumschicht, die begrünt wurde und von stegartigen Zugängen durchstoßen ist, auf denen sich kleine gondelartige Ausweitungen für den informellen Aufenthalt vor der Wohnung befinden.

Zur gleichen Zeit war das Projekt eines Dachaufbaus in der Seilergasse, im Zentrum von Wien, in Arbeit. Ziel war hier, vom üblichen Dachausbau mit engen Lukarnen und schrägen Wänden wegzukommen. Hinter den Mauerkronen und über den Zinnen der Stadt entstand ein zweigeschossiger Aufbau, dessen Rhythmus den Maßstab wahrt, dessen Eigenständigkeit sich jedoch in der Sicht von oben wesentlich besser integriert als zahlreiche andere, zwecks Tarnung mehr schlecht als recht amalgamierte Dachausbauten. Ausgehend von diesen Erfahrungen ist derzeit ein Dachaufbau am Karlsplatz in Fertigstellung.

Die immer wieder aufgeworfene Frage: „Könnte es auch anders gehen?" führte über einen Wettbewerbsgewinn zu einer intensiven städtebaulichen Studie für das ehemalige Flugfeld Aspern, wobei Struktur und Störung, Ordnung und Chaos, wie sie allen lebendigen Städten eigen sind, in zeichnerischen Darstellungen und einem Regelwerk ihren Ausdruck für den künftigen Stadtteil fanden. Intellektuell zu anspruchsvoll, wurde es kürzlich nach einem erneuten Wettbewerb von einem an chinesische Retortenstädte gemahnenden Vorschlag abgelöst.

Wiedner Hauptstraße

Seilergasse

Flugfeld Aspern

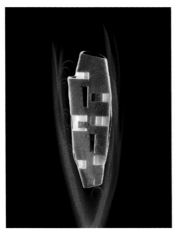

Für die steiermärkische Landesausstellung 1998 zum Thema „Yougend" in Bad Radkersburg waren die Metapher der Stadt und das Verständnis von Urbanität wichtige Entwurfsparameter. Der Gang durch die Ausstellung war denn auch als „promenade architecturale" gestaltet, vergleichbar einem Spaziergang durch die Gassen und Höfe einer südlichen Stadt, mit Rampen, kleinen Ausweitungen, begehbaren Pavillons und Raumfluchten. Dasselbe Verständnis für ein großes, von vielen Menschen genutztes Gebäude zeigt auch die Schule an der Absberggasse in Wien-Favoriten. Die theoretischen Abhandlungen von Architekt Josef Frank, Pionier und Kritiker der Moderne, über „das Haus als Weg und Platz" fanden hier ihre lebendige Konkretisierung.

Nach diesen Erfahrungen verlegen sich die forschenden Bestrebungen auf die Großform eines Gebäudes: Für das Wettbewerbsprojekt „Zentrum für medizinische Grundlagenforschung" in Graz wurden in Hinblick auf lokale Wind- und Klimaverhältnisse Versuche im Windkanal gemacht. Mit der Gebäudeform reagiert der Entwurf auf diese neuartigen Parameter und gelangt zu einem innovativen Ergebnis. Neben der Arbeit an der Großform finden sich bereits hier Einschnitte in eben diese Form, die sie relativieren, aber in ihrer Gesamtheit nicht aufheben. Zwar ist der Entwurf Projekt geblieben, doch finden sich einzelne architektonische Figuren – modifiziert – am Bauwerk der Wirtschaftskammer wieder.

Für die beiden 2001 fertiggestellten Kinocenter in Salzburg bzw. Wien war es das Spiel mit den großen massiven Körpern der Kinosäle, das faszinierte: ihre vergleichsweise lockere Stapelung, sodass die der Erschließung dienenden Zwischenräume wie Schluchten und Kavernen in grobblockigen geologischen Sturzmassen wirken und zu eigener Qualität finden, relativiert durch Oberflächenbehandlung,

Steiermärkische Landesausstellung „Yougend"

Schule Absberggasse

Zentrum für medizinische Grundlagenforschung

Farbe und Licht. Beim Pleasure Dome nahe den Wiener Gaso-
metern scheint der Raumtyp der Mall mit weich geschwun-
genen Brüstungen erstmals auf. Er hat, geläutert, verfeinert
und in der Wirkung gesteigert, beim Atrium der Wirtschaftskammer eine erneute Interpretation gefunden.

Dezidiert wandte sich Rüdiger Lainer vor einigen Jahren
den Oberflächen seiner Bauwerke zu. Wo andere Glätte
anstrebten, suchte er nach Tiefe, auch wenn dafür nur wenige
Zentimeter zur Verfügung stehen. Die plastische Gestalt und
Verformbarkeit von Putz wird beim Wohnhaus an der Boltzmanngasse ausgelotet, wobei den lebendigen Stuckarbeiten
des Historismus und des späten Jugendstils zeitgenössische
Überlegungen gegenübergestellt werden. Es sind die dogmati-
schen Verbote der Modernisten, die Neugier und Widerspruch
reizen, nicht das Entweder-Oder, sondern das Sowohl-als-
auch, das Dies-und-Jenes. Dabei ging es nicht um das
Nachspielen historischer Debatten und das Nachbeten zeit-
spezifischer Maximen, sondern um den riskanten Versuch,
bekannte Gestaltungselemente zu variieren, neu zu interpre-
tieren und in einem veränderten Kontext wirken zu lassen.

Die Frage von Ornament und Rapport sowie ihre heutige
Verwendbarkeit werden bei der Erneuerung und Erweiterung
eines gründerzeitlichen Industriegebäudes untersucht und
teils spielerisch mit Blättern und Zweigen als Vorlage für die
Aluminiumgusstafeln ausprobiert. Der Dialog zwischen dem
unterschwellig ornamentalen Charakter des alten Sichtziegel-
mauerwerks und der vom Rapport des Reliefs überspielten
Rasterwirkung der Fassaden der Neubauteile weist darauf hin,
dass Raster in jeder Form ornamentale Effekte produzieren,
deren Wirkung platt oder aber subtil komplex sein kann. Erfahrungen aus den Arbeiten mit Putz und das Spiel mit unter
der Oberfläche wirkenden Rastern finden bei der Fassade und

Kinocenter Salzburg

Pleasure Dome Wien

der Fensterverteilung am Gebäude der Wirtschaftskammer eine weitere Ausformung und sorgen für deren spannungsreiche Qualität.

Die Rolle Rüdiger Lainers im Verhältnis zur Bauherrschaft kann – mit heutigen Worten – wohl am ehesten als die des aktiven Mediators benannt werden. Er sieht sich nicht nur als Dienstleister, sondern versucht im Dialog mit den Auftraggebern einer Bauaufgabe neue Seiten abzuringen, um sie inhaltlich zu aktualisieren und aus eingefahrenen Geleisen, die manchen kaum bewusst sind, auszuhebeln. Die Meinungen und Ansichten anderer werden nicht als Störung, sondern als Anregung verstanden. Dass aus diesen Diskursen oft architektonisch und funktional Bauwerke mit außerordentlichen Qualitäten hervorgehen, bestätigt die Richtigkeit der Methode. Während beispielsweise bei seinen Wohnbauten die teilöffentlichen Bereiche der Erschließung eine signifikante Aufwertung erhielten, indem individuelle und gemeinsame Verantwortung sich überlagern, gewinnt das Bürohaus in St. Pölten an Aufenthaltsqualität, weil der Zellenstruktur Keime von Wohnlichkeit zugemischt wurden, die ihre Wirkung schon nach kurzzeitiger Nutzung entfaltet haben.

Das Arbeiten im Team hat im Architekturbüro Rüdiger Lainer Tradition. Stets ging es darum, jene, die an einem Projekt arbeiten, in den Dialog einzubinden, auch wenn die Letztverantwortung nicht delegierbar ist. Im Büro Rüdiger Lainer + Partner kommt es in Hinblick auf Entscheidungen zwischen Rüdiger Lainer und Oliver Sterl oft zu einem geistigen Ping-Pong, was gerade bei verzwickten Problemen sehr effektiv ist. Die Teilung auf Schwerpunktbereiche bedeutet für beide Partner aber auch Zeitgewinn. Dennoch wird der Grundsatz gewahrt, trotz personell gewachsenen Ateliers weiterhin Fragen zur Nutzung und zur Architektur zuzulassen.

Boltzmanngasse

Hütteldorfer Straße

The surprisingly unconventional new office building for the Lower Austrian Chamber of Commerce in St Pölten is by no means a product of chance, on the contrary, it incorporates the designers' knowledge of the effects of buildings as illustrated in the more recent history of architecture and, above all, the experience they have gained from their own earlier designs. In this building these factors have been condensed to produce an innovative kind of quality. A quick review of the earlier buildings designed by architect Rüdiger Lainer – often in collaboration with partners – reveals both change as well as constancy. The change relates to the architectural themes that have interested him and that he has worked upon intensively. The constancy, in contrast, is evident in his insistent questioning of proposed functions that aims at replacing outdated conventions with concepts that can take into account the changes in socio-cultural conditions. The experiment is not a formalist, self-serving exercise but the essential core of a task the architect sets himself that goes further than the commission and for which he formulates a contemporary answer using architectural means.

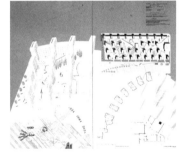

The early competition project for a housing development on Engerthstrasse criticised the kind of mass housing prevalent at that time while at the same time providing proposals for innovations both in urban planning and architectural terms. Awarded the Austrian State Prize for Experimental Tendencies in Architecture, this work marks the beginning of a longer examination of housing.

In the first concrete housing developments, in Waidhausenstrasse, on Siegesplatz and in Rothenburgstrasse, flexible floor plans allow more open or a more clearly subdivided ways of living. At the same time Rüdiger Lainer posed a question about the physiognomy of a building to which he found

Engerthstrasse

Rothenburgstrasse

a sculptural, individual answer – without neglecting the urban context.

In the group of designs that followed he focussed on the circulation space between the main door to the building and the door to the private apartment. This zone, where often enough only a doormat symbolically suggests a remnant of privacy, was extended in the housing development in Wiedner Hauptstrasse to form a spatial layer provided with planting and penetrated by bridge-like approaches along which small "bulges" offer space to linger casually in front of one's apartment.

The project for an attic conversion in Seilergasse in central Vienna was worked on around the same time. Here the goal was to escape from the usual kind of attic conversion with its cramped dormer windows and sloping walls. Behind the coping stones and pinnacles of the city a two-storey structure was erected with a rhythm that preserves the existing scale yet has an independence that, when viewed from an elevated position, is actually far better integrated than the numerous attic conversions, where attempts at disguise ultimately means that they are poorly amalgamated in the roofscape. An attic conversion on Karlsplatz based on the experience gained in the earlier project is currently approaching completion.

The question repeatedly raised: "Could it be done differently?" led via a successful competition entry to an intensive urban study for the former Aspern airfield, where structure and disruption, order and chaos, as found in all living cities, were expressed in illustrations and a system of regulations for this future urban district. Intellectually too demanding and, following a further competition, it was recently replaced by a proposal reminiscent of Chinese test-tube cities.

Wiedner Hauptstrasse

Seilergasse

Aspern airfield

For the 1998 Styrian Regional Exhibition "Yougend" on the theme "youth" in Bad Radkersburg the metaphor of the town and the understanding of urbanity were important design parameters. The route through the exhibition was designed as a "promenade architecturale", comparable to a walk through the lanes and courtyards of a southern town, with ramps, small areas where the route grew wider, pavilions that could be entered and an enfilade of rooms. The school in Absberggasse in Vienna-Favoriten shows the same understanding of a large building used by many people. The theoretical writings of architect Josef Frank, pioneer and critic of modernism, about the "house as path and place" were here given a living, concrete form.

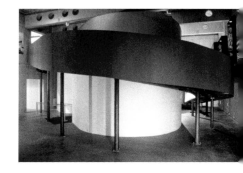

After these experiences the research focused on the major form of the building: a competition entry for the "Centre for Medical Research" in Graz led to tests being made in a wind tunnel to take into account local wind and climatic conditions. The design reacts to these new parameters through the building form and arrives at an innovative result. In addition to the work on the overall form, here we first encounter incisions in the form that make it relative without eliminating its wholeness. Although this interesting design went no further than the competition stage, individual (modified) architectural figures from it can be found in the building for the Chamber of Commerce.

In the two cinema centres completed in 2001 in Salzburg and Vienna the fascinating aspect was the play with the massive volumes of the cinemas: the rather relaxed stacking of these volumes, in which the intermediate spaces serving as circulation areas seem like canyons and caverns between large blocks of a geological rockslide and acquire an individual quality that is made relative by the treatment of the surfaces,

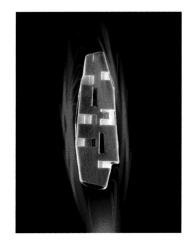

Styrian Regional Exhibition

School Absberggasse

Centre for Medical Research

colour and light. In the Pleasure Dome near the Gasometers the spatial type of the mall with softly curving parapets appears for the first time. Purified and refined, so to speak, and with a more powerful effect it has been given a new interpretation in the atrium of the Chamber of Commerce.

A number of years ago Rüdiger Lainer began decisively to direct his attention to the surfaces of his buildings. Where others try to achieve smoothness, he looks for depth, even where there are only a few centimetres available. The sculptural shape and malleability of plaster is explored in the apartment building on Boltzmanngasse, where the lively plasterwork of Historicism and late Jugendstil are contrasted with contemporary reflections on the theme. It is the dogmatic prohibitions of the modernists that stimulate curiosity and contradictions, not the "either-or" but the "both-and", the "this and that". Here the issue was not reviving historical debates or chanting currently relevant maxims but a risky attempt at varying certain design elements, reinterpreting them and allowing them exert their effect in an altered context.

The question of ornament and repeating patterns and their application today is examined in the renovation and extension of a late 19th century industrial building and tested in a playful way, using leaves and branches as the models for cast aluminium plates. The dialogue between the essentially ornamental character of the old exposed brickwork and the grid effect of the façades of the new building elements, which is overlaid with the repeat of the relief, indicates that grids in every form produce ornamental results with an effect that, while it can be trite, can also be subtly complex. The experience gained from working with plaster and a game played with grids that exert their effect under the surface are

Cinema Centre Salzburg

Pleasure Dome Vienna

taken a step further in the façades and the fenestration of the Chamber of Commerce building where they provide it with a richly exciting quality.

Rüdiger Lainer's role in relation to his clients can – to use a modern term – probably be best described as that of an active mediator. He does not see himself as merely the provider of a service but tries through dialogue with the clients to discover new sides to a building project, to update it in terms of content and to remove it from same old rut – that many are not even aware of. The opinions and views of others are not seen as disruptions but as helpful suggestions. The fact that in most cases such discourses produce buildings with exceptional qualities in terms of both architecture and function confirms the correctness of this method. Whereas in his housing projects, for example, the semi-public areas of the circulation are significantly increased in importance by overlaying individual and communal responsibility, the office building in St Pölten gained additional quality as a place to linger by adding to the cellular structure the seeds of domestic comfort, which began to exert their effect soon after the building was occupied.

Teamwork has a tradition in Rüdiger Lainer's practice. The aim is always to include those working on a project in the dialogue, even though the final responsibility cannot be delegated. In the office of Rüdiger Lainer + Partner decisions between Rüdiger Lainer and Oliver Sterl often resemble a game of intellectual ping-pong which, precisely in the case of tricky problems, is highly productive. Dividing the areas they concentrate upon has meant for both partners a gain in time. Nevertheless, despite the fact that the practice has grown in numbers, the principle of allowing and encouraging questions on function and on architecture has been preserved.

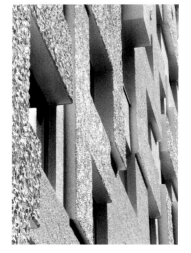

Boltzmanngasse

Hütteldorfer Strasse

urbanistisches Schwergewicht an peripherer Lage

St. Pölten, die Barockstadt, die sich über dem im Lauf der Geschichte deformierten orthogonalen Raster der römischen Gründung Cetium, einem ‚Municipium', entwickelte, ist heute Landeshauptstadt. Eingespannt zwischen dem Traisenfluss im Osten und der fluvialen Geländestufe im Westen drängten sich für die Siedlungsentwicklung im 19. und 20. Jahrhundert vor allem die anschließenden Gebiete im Norden und im Süden auf. Letzteres wird vordergründig geprägt von der stark befahrenen, vierspurigen Mariazeller Straße, die jedoch kaum urbanes Leben zulässt. Aber etwas östlich davon verläuft schnurgerade, zwei Kilometer lang nach Süden die Josefstraße, an der zwei Kirchen, einige Schulen und zahlreiche Geschäfte liegen. Diese urbane Achse endet beim ehemals frei stehenden Schwaighof, heute eingebaut und zum Seminarhotel des WIFI (Wirtschaftsförderungsinstitut) transformiert. Bereits in den 1970er Jahren war in der Nähe das WIFI Niederösterreich von Architekt Karl Schwanzer errichtet worden, dessen plastisch zeichenhaftes Hochhaus den Ort selbst von der Autobahn her markierte. Da es konstruktiv wenig flexibel und daher weder umnutzbar noch ohne massive architektonische Einbußen wärmetechnisch sanierbar war, wurde es abgebrochen. Die übrige Nachbarschaft besteht aus eher konzeptlos verteilten, geraden Wohnblöcken aus den 1960er und 70er Jahren. In dieses disperse Umfeld kam die markante Setzung des neuen Zentralgebäudes der Wirtschaftskammer Niederösterreich zu stehen. Mit seiner positiven Präsenz wertet es den im Keim angelegten städtebaulichen Knoten wieder deutlich auf.

Karl Schwanzer
Internatsgebäude des
WIFI NÖ St. Pölten

Schwarzplan
St. Pölten Süd

urban heavyweight at a peripheral location

St Pölten, a Baroque town that developed over the course of time on the deformed orthogonal grid of the Roman town Cetium (a "municipium") is today the capital of the State of Lower Austria. As the town was contained between the river Traisen in the east and a fluvial step in the terrain to the west, it was above all the adjoining districts to the north and south that seemed the obvious areas for urban expansion in the 19th and 20th centuries. The character of the southern part is shaped largely by Mariazeller Strasse, a busy four-lane road

that permits hardly any form of urban life. But somewhat to the east Josefstrasse extends southwards in a straight line for a length of two kilometres and is lined by two churches, a number of schools and numerous shops. This urban axis ends at the Schwaighof, once freestanding but today enclosed by buildings and transformed into the seminar hotel of the WIFI (Institute for Economic Promotion). Back in the 1970s the WIFI Lower Austria was built by architect Karl Schwanzer, a sculptural and symbolic high-rise building that marked its location when seen from the motorway. As it lacked flexibility in structural terms and therefore could not be converted nor, without suffering massive architectural losses, renovated to meet current thermal insulation standards, the building was demolished. The other neighbouring buildings consist of housing blocks from the 1960s and 70s scattered without any apparent concept. The new central building for the Chamber of Commerce of Lower Austria was placed in this disparate setting. Its positive presence clearly strengthens existing suggestions of an urban node.

kontextueller Solitär – aktivierter Außenraum

Das Grundstück, auf dem sich der Neubau befindet, liegt im Binnenbereich des Gevierts, östlich der langen, großflächigen Anlage des WIFI Niederösterreich. An den drei übrigen Seiten reihen sich relativ beziehungslos langgestreckte Mehrfamilienhäuser ohne raumbildende Kraft. Nur im Nordosten ragt eine etwas höhere Wohnhausscheibe aus dem belanglosen Umfeld. In diesem Kontext ist der neue Baukörper zuerst einmal autonom und beansprucht sowohl wegen seiner sechs Geschoße, der starken Form und der roten Farbe eine dominierende Stellung. Formal tritt der Baukörper weder zum

Altbau- noch zum Neubauteil des WIFI in Beziehung. Auf den ersten Blick handelt es sich daher um einen selbstbewusst hingestellten Solitär. Beim näheren Hinschauen wird man allerdings feststellen, dass seine spezifische Form, das im Grundriss leicht geknickte Y und die sich öffnenden Winkel der aufgefalteten Fassaden aktivierend auf den Umraum wirken. Im Westen ergeben sich zur wenig ansprechenden Rückseite des WIFI zwei Zonen: vorn eine Art Eingangshof mit der Vorfahrt, und hinter der Passerelle ein Grünbereich sowie eine Verkehrsfläche. An der Südseite fassen die beiden Gebäudeflügel den Raum über dem exakt rechteckig definierten Parkdeck, antworten aber zugleich auf den quer stehenden niedrigeren Wohnbau davor. An der Ostseite schließt an das Grundstück ein begrünter Spielplatz an. Wenn auch durch einen Zaun vom Garten der Wirtschaftskammer getrennt, vermag der flach aufgefaltete Längstrakt des vermeintlichen Solitärs den gesamten davor liegenden Freiraum zu aktivieren, der damit zu mehr als einem bloßen Zwischenraum wird. Dank des kontextuellen Charakters allein der Großform verbessert das neue Bauwerk die außenräumlichen Qualitäten des städtebaulichen Umfelds in alle Richtungen. In architektonischer Hinsicht erweist sich der Verzicht auf die spiegelnde Metall-Glasfassade üblicher Bürohäuser als zweites kontextuelles Element. Obwohl anders in Gliederung und Fensterverteilung, nähert sich der murale Charakter des Baukörpers mit den da und dort eingeschnittenen Loggien den einfachen Mehrfamilienhäusern der Nachbarschaft bis zu einem gewissen Maß an. Primus schon, aber weder herablassend, noch distanzierend, und vor allem ohne die eigene Haltung zu verlieren: ein kontextueller Solitär eben.

Kontextueller Solitär
Die Entwicklung des Baukörpers

contextual freestanding building – activated outside space

The site on which the new building is positioned lies in the inner area of a squared lot that extends to the east of the long extensive complex of WIFI Lower Austria. On the other three sides there are relatively characterless elongated apartment buildings with little ability to shape space. It is only in the northeast that a somewhat taller housing block projects out of these inconsequential surroundings. In this context the new building volume is primarily autonomous and, thanks to its six storeys, strong form and red colour, assumes a dominant position. In formal terms the new building engages neither the old buildings of the WIFI nor the more recent ones. At first glance this is a self-confidently positioned freestanding building. On taking a closer look, however, one notices that its specific form in plan – a slightly bent "Y" – and the opening angle of the unfolded façades have an activating effect on the surrounding space. In the west, towards the unpreposses-

sing rear of the WIFI, two zones are created: a kind of entrance court with a driveway at the front, and – behind the passerelle – a green area as well as a vehicular circulation space. On the south side the two wings define a space above the precisely rectilinear parking deck, while at the same time responding to the lower transverse housing block. On the east side the lot borders on a green space in the form of a play area. Although separated by a fence from the garden of the Chamber of Commerce, the long, flatly unfolded wing of the apparently freestanding building can activate all the open space in front of it, making it something more than just a mere in-between space. Thanks to the contextual character of its major form the new building improves the quality of the outdoor spaces in its urban surroundings in all directions. In architectural terms the decision not to use mirrored glass façades commonly found in office buildings turns out to be a second contextual element. Although different in terms of both articulation and the fenestration, the walled character of the new building with loggias incised here and there bears a certain resemblance to that of the simple apartment buildings nearby. Dominant certainly, but neither condescending nor distant and above all without ever abandoning its own positi-on: truly a contextual freestanding building.

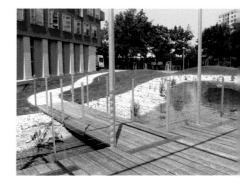

starke Form

Es ist nicht nur die rote Farbe, die den Baukörper aus seiner Umgebung hervortreten lässt, vielmehr verfügt er über eine Stärke der Form, die sich aus dem Zusammenwirken mehrerer architektonischer Maßnahmen ergibt. Volumetrisch gewinnt die Großform ihre Autonomie aus der deutlichen Abgrenzung zum Sockel, was durch den ersten Eindruck, den der aufgestelzte Südwestflügel vom Zugang her bietet, nachhaltig geprägt wird. Sie wird weiters gestärkt durch die flächige, das Volumen betonende, alle Seiten gleich behandelnde Fassade, was den Eindruck, das Bauwerk sei ein massiver Körper, erhärtet. Der von den schmalen Stirnseiten erzeugte proportionale Kontrast verleiht der nicht unüblichen Höhe von sechs Obergeschoßen einen Impuls, der das Gebäude höher wirken lässt. Und mit der mehrfachen, flachen Faltung der Westfassade erscheint der Baukörper in der Schrägsicht eher länger, als wenn er gerade wäre. Nach den vielen langen, geometrisch reinen Quadern der Moderne und Neomoderne wird das Durchbrechen der Konvention zur gegenklassischen Quelle, aus der die starke Form ihre Kraft schöpft. Selbst die ausgeschnittenen Loggien sind in diesem Kontext nicht etwa relativierend. Aufgrund der unregelmäßigen Verteilung und des Farbwechsels stärken auch diese ‚Verletzungen' noch die Großform, obwohl sie bezüglich Bauaufgabe und Nutzung eher eine verbindliche Rolle spielen. Infolge dieser architektonischen Bearbeitung wirkt der Baukörper aus sich heraus verhalten monumental und wertet mit seiner Präsenz das Quartier auf.

1. Ökonomische serielle Struktur

2. Kontext – Reaktion auf Bestand

3. Kontext – Betonung des Zugangs

4. Maximierung der Flächen am Licht

5. Anpassung der Kernzone an Flächenbedarf

6. Ökologische und räumliche Aufwertung
Der Luftraum als Energie- und Komfortgenerator

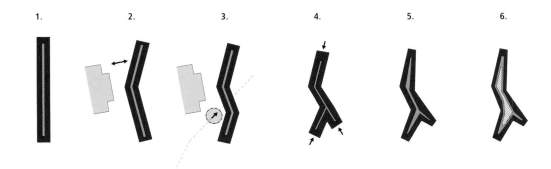

1. 2. 3. 4. 5. 6.

It is not the red colour alone that makes the building stand out from its setting but the strength of its form that results from the combined effects of several architectural measures. In volumetric terms the major form gains its autonomy from the way it is clearly distinguished from the plinth, a distinction lastingly shaped by the first impression made by the elevated southwest wing as one approaches it. This is further strengthened by the flat treatment of the façades – the same on all sides – that emphasises the building's volume and confirms the impression that the building is a massive body. The contrast in proportions created by its narrow ends makes the building, which has a fairly standard height of six upper floors, appear taller. And the repeated flat folds of the west façade make the building, when seen at an angle, appear longer that it would do if it were straight. After the many long and geometrically pure blocks of modernism and neo-modernism the way in which conventions are broken here becomes a counter-classical source from which the strong form derives its strength. In this context not even the loggias cut out of the building compromise this effect. Due to the random way they are distributed and the changes of colour these "injuries" also strengthen the major form, although in terms of the commission and the building's function they have more of a binding role. As a result of this architectural treatment the new building exudes a monumental yet restrained quality and enhances the district with its presence.

zweierlei Plastizität

Außen weist der rote Baukörper da und dort scharf einge-
schnittene, loggienartige Aufenthaltsbereiche auf, die kurzen
Pausen an der frischen Luft dienen. Die Härte des gebäude-
plastischen Eingriffs wird einerseits verstärkt durch einen
Farbwechsel von Rot zu Orange sowie einen Wechsel der
Textur von griffig-körnigem Spritzputz zu glatter Fläche.
Andererseits erzeugen die unregelmäßige Verteilung und der
in einem gewissen Sinn verletzende Charakter der Einschnitte
an empfindlichen Stellen, etwa an der Attika bei der flachen
Kante eines Gebäudeknicks, den bestimmten Eindruck von
Willkür. Damit wird die Gesamtform durch Einzelelemente
zwar bewusst irritiert, diese plastischen Modifikationen
verleihen dem Körper jedoch mehr Signifikanz, ähnlich den
Abdrücken der Künstlerfinger an einer skizzenhaften oder
expressionistischen Figur aus Lehm. Das heißt, dass an der
äußeren Plastizität der Prozess des Machens, die Spuren von
Entwurf und Herstellung roh und haptisch präsent sind.

Innen wird das Atrium, der vom Bauwerk umfasste
Leerraum, an allen Seiten von weiß dematerialisierten
Brüstungen gehalten, die vor jedem Geschoß als kontinuier-
liche horizontale Bänder, sämtliche Ecken weich gerundet,
durchlaufen. Damit wird der Raum, obwohl er eine freie
Form aufweist, klar definiert. Die minimalen Verschiebungen
zwischen den Geschoßen ändern daran nichts. Vielmehr stei-
gern diese bewussten ‚Störungen‘ die räumliche Signifikanz,
auch wenn sie den Raumcharakter als ‚ein Ganzes‘ nicht
beeinträchtigen. Sie zwingen allerdings zum genauen Hinschauen, liegen sie doch nur wenig über der Wahrnehmungs-
schwelle. Bei der Definition dieser ‚Leere‘ wird die Art und
Weise des ‚Gemacht-Seins‘ zurückgenommen auf eine abs-
trakte Raumbildung, wodurch der Raum als reiner Raum erst
richtig zum Tragen kommt. Sehr gut lässt sich der Unter-

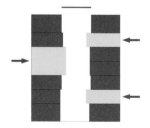

Volumen

Atrium – vertikale
Perforation

Loggien – horizontale
Perforation

schied der Wirkung im Vergleich mit Baustellenfotografien nachvollziehen, auf denen die Brüstungen noch fehlen, und die Deckenplatten ihre kaum raumbildende Wirkung erweisen. Wiewohl ihr ‚Gemacht-Sein' sublimiert wurde, ist diese weiche Plastizität im Inneren nicht weniger entschieden als die harte Plastizität außen.

two kinds of plasticity

Externally common areas that resemble loggias, used for taking a breath of fresh air during work breaks, have been sharply incised here and there in the volume of the red building. On the one hand, the hardness of the sculptural intervention is strengthened by a change of colour from red to orange and by a change in texture from coarse and grainy sprayed plaster to a smooth surface. On the other hand, the random distribution and, in a certain sense, the injuries suggested by these incisions at sensitive points convey an impression of arbitrariness, for example at the flat edge of a fold in the building at roof parapet level. Thus the overall form is deliberately unsettled by individual elements, and these sculptural modifications give the body of the building added significance like the impression left by an artist's finger on a sketchy or expressionist figure made of clay. That is to say, the traces of design and production, of the process of making the building are present in a raw and tactile way in the external plasticity.

Internally the atrium, the void of the building, is defined on
all sides by dematerialised white parapets that run in front
of every floor as continuous horizontal bands in which all the
corners have been gently rounded off. Thus, although it has a
freely shaped form, this space is clearly defined. The minimal
shifts between the different floors do nothing to alter this. In
fact these conscious "disturbances" serve to heighten the spatial significance, even though they do not affect the spatial
character as a "whole". Yet they force us to look more closely,
as they lie just within our range of perception. In the definition of this "void" the building's "way of being made" is
reduced to an abstract formation of space, allowing it to make
an effect as pure space. The difference is clearly shown when
one looks at photographs taken on the construction site before the parapets were in place, when the floor slabs had little
spatially formative effect. Although their "way of being made"
has been sublimated, this soft plasticity in the interior is no
less decisive than the hard plasticity outside.

Flächen, Bänder, Scheiben, Schichten

Raumfühlige Menschen empfinden nicht nur Tiefen, die sich im Bildraum eines gerahmten Werkes der Malerei auftun können, sondern ebenso eine räumliche Zone davor, die man sich als von der Bildfläche aktiviertes räumliches Feld denken mag. Dies gilt verstärkt bei monochromen, abstrahierten Bildflächen. Die wenige Zentimeter vor der Putzfassade liegenden Glasscheiben der Fenster am Gebäude der Wirtschaftskammer, die tagsüber den Himmel spiegeln, leuchten an späten Winternachmittagen wie bei einer Laterne von innen heraus und verweisen auf den Innenraum. Bei Tageslicht ist es umgekehrt: Die unregelmäßige Schar der quadratischen Glasflächen wendet die räumliche Wirkung nach außen. Der Gegensatz von materiell-opak zu dematerialisiert-spiegelnd verstärkt den flächig-dünnschichtigen Aufbau der Fassade. Der vergleichsweise raue Putz betont die körperhafte Masse, das Volumen; die Summe aller reflektierenden Fensterspiegel erzeugt hingegen ein vielteiliges Raumpolster und hüllt den Baukörper gleichsam in einen virtuellen Raummantel. Im Inneren ordnen sich die verschiedenen raumbildenden Elemente in der Tiefe gestaffelt um das Atrium. Zuvorderst liegen die weiß dematerialisierten Brüstungsbänder, die dem Großraum seine signifikante Form verleihen. Hinter der Raumschicht der Galerien stehen die teils in flachen Kurven verlaufenden Trennwände zu den Büros, die bei den Durchbrüchen zum Außenraum – den Loggien – etwas vorstehen und damit in ihrer Autonomie und geringen Dimension betont werden. Von diesen Wänden um wenige Zentimeter abgesetzt befinden sich die flachen Schilde der Büroeingänge. In lockerer Reihe wirken sie ähnlich wie die Fenster außen, definieren hier jedoch den unmittelbaren Zugangsbereich vor den Büros. Gemeinsam verdichten die vier räumlich komplex geschichteten Elemente: Brüstungsbänder, Galerien, trennende Wände und Bürozugangspaneele den Binnenraum des Atriums durch die gestaffelt schichtartige Anordnung mit ihrer konzentrierenden Wirkung. Diese mehrschichtig umschnürende Fokussierung der räumlichen Effekte und Spannungen auf den Leerraum des Atriums steigert dessen unsichtbares, aber fühlbares Kraftfeld.

surfaces, bands, panels, layers

People who are sensitive to space are not only conscious of the depths that can emerge in the picture space of a framed painting, but also of a frontal spatial zone that one can think of as an activated spatial field in front of the picture's surface. This is particularly the case with the surfaces of monochrome abstract paintings. The glass panes of the windows that are few centimetres in front of the plaster façade of the Chamber of Commerce building reflect the sky during the day while during late afternoons in winter they glow from inside like a lantern, indicating the interior. During daylight it is the other way around: the irregularly distributed square areas of glass turn the spatial effect outwards. The contrast between a material opaque character and dematerialised reflective character

strengthens the flat, thin-layered quality of the way the façade is put together. The comparatively coarse plaster emphasises the physical mass – the volume, while in contrast the sum of all the reflective window mirrors produces a spatial cushion made up of many parts that covers the building in a virtual spatial coat, as it were. In the interior the various spatially formative elements are arranged in depth around the atrium. At the front are dematerialised white parapet bands that give the large space its significant form. Behind the spatial layer of the galleries are the partition walls to the offices, some of which run in flat curves. At the cut-out areas leading to outside space – the loggias – they project somewhat, empha-sising their autonomy and reduced dimensions. Flat shields detached a few centimetres from these walls form the office entrances. Arranged in a casual row they are somewhat similar to the windows outside but here they define the immediate access area to the offices. Together the four spatially complex layered elements: parapet bands, galleries, partition walls, and office entrance panels have a concentrating effect that condenses the interior space of the atrium through the step-ped layers in which they are arranged. These several layers running around the space focus the spatial effects and ten-sions on the void of the atrium and heighten its invisible but yet perceptible field of force.

Die Landsbergerstraße verläuft quer zur Mariazeller Straße und kreuzt später die Josefstraße. Kurz davor zweigt die Zufahrt zur Wirtschaftskammer in gerader Linie ab und steuert auf das Gebäude zu. Prägnant tritt zuerst die hohe Stirnseite des Südwestflügels in Erscheinung, ein Eindruck, der jedoch abgelöst wird von der zwei Mal konkav und ein Mal konvex geknickten Westfassade. Die dreifache Faltung und Gliederung der flächigen Fassade in vier Teile lässt sie in der Schrägsicht für Ankommende länger erscheinen, was sich beim Näherkommen jedoch verliert, wenn der exakte Kreisel der Vorfahrt den Raum vor dem Gebäude bestimmt, der von den konkaven Fassaden, dem verglasten Übergang und dem neuen Zubau zum WIFI mehr angedeutet als definiert wird. In diese vergleichsweise erst zum Teil geklärte Situation stößt nun aus dem Erdgeschoß ein stirnseitig offenes, rechteckig gerahmtes Raumelement vor, das sich farblich abhebt und, die Achse der Zufahrt aufnehmend, den Eingang deutlich signalisiert. In den großen Rahmen ist in einer Verdoppelung das ‚Windfanghäuschen' hineingestellt, eine klassische architektonische Figur seit der Renaissance, hier allerdings zeitgenössisch interpretiert. Der mit Glastüren versehene, nicht eben kurze Windfang bildet ein räumliches Ventil, bereitet auf das Kommende vor, denn beim Weiterschreiten gelangt man in eine zwei Geschoße hohe Vorhalle, die durch einen Steg, der sich quer durch den Raum zieht, vom Folgenden getrennt ist. Eine kräftige Rundstütze, die nicht zufällig fast

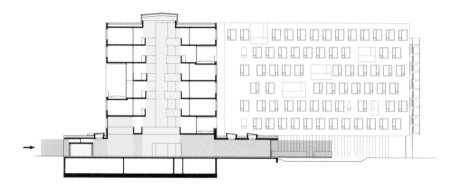

Raumfolge Eingang

ein wenig im Weg steht, verstärkt diese Zonierung, bremst den Strom der Eintretenden und leitet die Unkundigen zum Empfangspult. Die Eingangs- oder Vorhalle bildet jedoch nur den räumlichen Auftakt zu dem, was Weiterschreitende erwartet, wenn sie unter dem Steg hindurchgegangen sind: Obwohl links und rechts noch geführt von den Banden des eingeschobenen Eingangsrahmens, steigt nun der Raum gebäudehoch auf und kulminiert zum selbständigen Binnenraum des pulsierenden Atriums, in das man staunend hinauf blickt. An dieser Stelle entsteht architektonisch-räumliche ‚Transparenz‘. Man befindet sich in zwei Räumen zugleich: in der eingeschobenen rechteckigen Röhre, deren Decke weggebrochen ist, und ebenso in der untersten Ebene des Atriums, dessen freie Form sich über sechs Stockwerke entwickelt. Zur Bestätigung setzt sich erstere in Eingangsrichtung fort, wobei wieder zwei Rundstützen die zonierende Wirkung einer kragenden Galerie bekräftigen. Auf die Vorhalle antwortet der Bereich für das Café, der über vier Prismen im flachen Dach aufgehellt wird. Wieder übernimmt der Rahmen, wie wir ihn vom Eingang her kennen, die Raumbildung, eine Glaswand trennt klimatisch. Die Bewegung aber setzt sich fort in einer Holzplattform über dem kleinen Teich, in dessen weicher Form sie sanft aufgenommen wird und verebbt. Die Dynamik der virtuellen Bewegung des eingeschobenen Raumes, die unterschiedliche Wirkung der einzelnen Abschnitte und ihre Dramaturgie sowie die faktische Bewegung beim Ankommen, Eintreten und Durchschreiten überlagern sich zum nachhaltigen Raumkunsterlebnis.

Landsbergerstrasse runs at right angles to Mariazeller Strasse and then crosses Josefstrasse. Shortly before that point the approach drive to the Chamber of Commerce branches off in a straight line and heads towards the building. The first thing one sees is the tall end wall of the southwest wing, but this striking impression is soon replaced by the west façade that makes one convex and two concave bends. The triple folding and articulation of the flat façade into four parts makes the building appear longer to people arriving, but on coming closer this impression is lost when the perfect circle of the approach road determines the space in front of the building that is more suggested than defined by the concave façades, the glazed transition and the new WIFI extension. In this as yet only partly clarified situation a spatial element with a rectangular frame and open at the short end projects out of the ground floor. It differs in colour and takes up the approach axis to clearly indicate the entrance. This "draught lobby" building is inserted in the large frame, a classic architectural figure familiar since the Renaissance, but interpreted here in a contemporary way. The draught lobby, with glass doors and not too short, forms a spatial valve preparing those arriving for what is to come: proceeding further one arrives in a two-storey-high front hall that is separated from what follows by a footbridge crossing the space. A powerful circular column that (not by chance) stands somewhat in the way strengthens this zoning, slows the flow of those entering the building and directs those who do not know their way to the reception desk. However, this entrance or front hall is only the spatial introduction to what awaits those who venture further and continue on under the footbridge. Although still defined on the left and the right by the walls of the inserted entrance frame, the space rises the entire height of the building, culminating in the independent interior space of the pulsating atrium into which one looks with astonishment. This is the point where architectural and spatial "transparency" develops. One now finds oneself in two spaces at the same time: in the inserted rectangular tube from which the ceiling has been detached, and also at the bottom level of the atrium, whose free form develops upwards through six storeys. To confirm this fact the former continues in the direction of the entrance whereby once again two circular columns strengthen the zoning effect of a projecting gallery. A space for the café, lit through four prisms in the flat roof, responds to the entrance hall. Once again a frame, already familiar from the entrance, shapes the space, a glass wall provides climatic separation. However the movement continues onto a wooden platform over a small pond, is gently accommodated in its soft form and thus ebbs away. The dynamic of the virtual movement of the inserted space, the different effects made by the individual sections and their dramaturgy, as well as the actual movement of arriving, entering and proceeding are overlaid to create a lasting experience of the art of space.

pulsierendes Atrium

Erleben lässt sich der große Binnenraum des Atriums zumindest von drei unterschiedlichen Standorten aus: einmal von unten, wenn die kurze Vorhalle durchschritten ist und der Blick hinaufgezogen wird in den hohen Raum unter dem Glasdach; dann im Gehen auf einer der umlaufenden Galerien der mittleren Geschoße und diagonal oder längs hinüber geschaut, in der Bewegung den Raum ermessend; und zuletzt von oben, gestützt auf das Lehnbord der Brüstung, die Augen in die Tiefe wandern lassend. Die Vielgestalt dieses Raumes zwingt zum Verlangsamen der Wahrnehmung, denn komplex ist das Gefüge und verwehrt sich sowohl schnellem Zugriff als auch raschem Urteil. In seinen groben Umrissen folgt der von den Brüstungen definierte Vertikalraum der von Büroflächen und Erschließung offen gelassenen amorphen Form, ist vorerst ‚Restraum‘. Doch die Galerien variieren in der Breite, lassen flüchtig definierte Raumzonen entstehen, die nicht bloß der Erschließung dienen, und ihre gerundeten Brüstungen machen den Luftraum weicher. In feinsten Abstufungen sind sie da und dort differenziert und gegenüber dem darunterliegenden Geschoß minimal verschoben. Der Effekt in dem von den Stirnflächen der Brüstungen wie in einem Spannungsfeld gehaltenen Raum gleicht dem einer virtuellen Bewegung: Der Raum scheint zu atmen. Zugleich ist er aber vor allem Raum und nur Raum. Dafür sorgt das neutrale, dematerialisierende Weiß der Brüstungen. Und so wird aus dem nicht betretbaren, vermeintlichen Restraum ein das Innenleben des Bauwerks dominierendes, frei geformtes und lebendiges Raumsubjekt.

Weiters umschließt diesen Raumkern die Hülle der Galerien, eine Schicht der internen Verbindungswege, die ihrerseits an der virtuellen Bewegung des Atriums teilhat. Sie ist zwar nicht Teil des reinen, nicht betretbaren Raumes,

aber als Galerien sind sie umlaufende Raumzonen, die zum
Binnenraum dazugehören, wie er durch die langen, geraden
Blöcke der Bürozeilen gebildet wird. Obwohl klar definiert,
stehen sie räumlich im Austausch mit dem pulsierenden
Atrium, machen es erst eigentlich erlebbar, indem jeder Punkt
seiner Peripherie ergangen, jede Rundung und Biegung er-
schaut, der Hohlraum mit den Augen durchdrungen werden
kann.

   Zum Außenraum steht dieser räumlich hochgradig akti-
vierte Binnenraum da und dort in punktueller Beziehung.
Die unregelmäßig über die Geschoße verteilt eingeschnittenen Loggien sind einerseits Übergangsräume von innen nach
außen, wobei die Klimagrenze nach innen gerückt ist, der
Außenraum daher klimatisch bis an die Galerien reicht.
Andererseits sind sie eine Art Fenster des großen Binnen-
raums, die als Blickräume Beziehungen zum Umraum herstel-

len und mit steigender Geschoßzahl immer weiter hinaus greifen, von der vorstädtischen Nachbarschaft über die Felder und Baum- und Buschgruppen der ländlichen Umgebung bis hin zu den ansteigenden Hügelzügen der Voralpen.

pulsating atrium

The large internal space of the atrium can be experienced from three different locations: from below when one has passed through the small entrance hall and one's gaze is drawn upwards into the tall space beneath a glass roof; by walking along one of the surrounding galleries of the intermediate storeys, looking over diagonally or in the long direction, measuring the space while in motion; and, finally, from above, while leaning on the support of the parapet and allowing one's gaze to wander down into the depths. The varied nature of this space insists that we slow down our faculties of perception, for the system is complex, resisting both a speedy approach and a rapid assessment. The broad outlines of the vertical space defined by parapets follow the amorphous form left open by office spaces and circulation, and is initially "left-over space". But the width of the galleries varies, allowing fleetingly defined spatial zones to develop that are more than just circulations spaces, and the rounded parapets make the void softer. By means of the subtlest graduations they are differentiated here and there and shifted slightly with respect to the floor below. The effect in the space, which is held like a field of tension by the end areas of the parapets, is like a virtual movement. The space appears to breathe. At the same time it is above all space and space alone. This is guaranteed by the neutral, dematerialising white colour of the parapets. Hence the inaccessible, ostensibly left-over space becomes a free form, a living spatial subject that dominates the interior of the building.

Additionally, the envelope of the galleries encloses this spatial core, forming a layer of internal circulation routes that participates in the virtual movement of the atrium. Although not part of the pure, inaccessible space the galleries are continuous enclosing spatial zones that belong to the internal

space formed by the long straight blocks of the rows of offices. Although clearly defined they engage in a spatial exchange with the pulsating atrium, and are in fact what first allows it to be experienced spatially in that each point on its periphery can be fully reached, each rounding and curve fully examined, and the void penetrated by the eye.

This spatially highly active internal space here and there relates to outdoor space. The incised loggias distributed at random in the various storeys are on the one hand transition-al spaces from inside to outside, the climatic boundary is shifted inwards and as a consequence outside space extends climatically as far as the galleries. On the other hand they are a kind of window for the large internal space that establish visual relationships to the surrounding space. The further up the building one goes the further they reach out from the suburban neighbourhood across the fields and groups of trees and bushes of the rural surroundings to the alpine foothills rising in the distance.

informelles Begegnen

Die Gänge und Galerien in dem großen Haus verlaufen nicht gradlinig linear wie sonst in Bürohäusern, sondern entsprechen der Gebäudekonfiguration mit ihren Richtungsänderungen und weisen Querverbindungen auf. Außerdem finden sich da und dort kleine Ausweitungen oder Nischen sowie Ganghallen unterschiedlicher Größe. Weiters öffnen sich Loggien von den Erschließungsflächen, bieten von diesen Beziehungen zum Außenraum an und lassen seitliches Tageslicht ein. Diese räumliche Vielfalt der vermeintlich bloß zweckgerichteten Verkehrsflächen schafft Qualitäten mit ungeahnten Möglichkeiten. Da die Büros einer Zellenstruktur folgen, sind informelle Begegnungen auf den Gängen und Galerien für das ‚Büroklima‘, aber auch für die ‚Produktivität‘ im Haus nicht unwesentlich. Die kleinen Ausweitungen stellen sicher, dass zwei zufällige Gesprächspartner den übrigen Verkehrsfluss nicht behindern und in Ruhe weitersprechen können. Die auf kurzen Wegen erreichbaren Loggien dienen Pausen an der frischen Luft und sind für Rauchende keineswegs diffamierend. Aber ebenso bieten sie sich für kurze fachliche Gespräche an. Entscheidend ist die Freiheit der Wahl. Das Angebot ist breit und unkompliziert zugänglich. Damit wahrt diese Grundrisskonfiguration Distanz zu jenen eng denkenden, hyperfunktionalistischen Strömungen der Moderne, die diese wegen ihrer apodiktisch belehrenden Art in den 1960er Jahren in Verruf brachten. Vielmehr setzt die offene und liberale Haltung hinter der Gestaltung der Erschließungsflächen die Tradition von Josef Frank fort, der als überzeugter Vertreter der Moderne deren zum Totalitären neigende Strömungen und Auswüchse scharf kritisierte. Damit ist das Bauwerk mit seinen differenzierten Innenräumen und Außenbezügen ein für den Bürohausbau weiterentwickeltes Musterbeispiel für den berühmten und wohl meistzitierten

Satz aus dem Aufsatz „Das Haus als Weg und Platz" (1931)
des wichtigen österreichischen Architekturtheoretikers:
„Ein gut organisiertes Haus ist wie eine Stadt anzulegen mit
Straßen und Wegen, die zwangsläufig zu Plätzen führen,
welche vom Verkehr ausgeschaltet sind, so daß man auf ihnen
ausruhen kann." Dass dies nicht nur für Villen gilt, sondern
ebenso für Schulen, Bürohäuser, Museen und selbst Miets-
kasernen gut wäre, leuchtet ein. Die Umsetzung gelingt
allerdings in diesen Erschließungs- und Aufenthaltsräumen
mit ihrer heiteren Grundstimmung besonders überzeugend.

informal meeting zones

Unlike in most office buildings the corridors and galleries in the large building do not run in straight lines but instead respond to the configuration of the building with their changes in directions and reveal cross-connections. In addition there are small bays or niches at places as well as corridor halls of different sizes. Loggias opening off the circulation areas offer connections to outside space and allow daylight to enter from the side. The spatial variety of what are ostensibly functional circulation areas creates qualities with unimagined possibilities. As the offices have a cellular structure, informal meetings on the corridors and galleries are of considerable importance for the "office climate" and also for "productivity" in the building. The small expansions ensure that two people who meet by chance and engage in a conversation do not hinder the flow of traffic and can continue their discussion undisturbed. The loggias, reached by short routes, are used for taking breaks in the fresh air and avoid smokers being marked with a stamp of disapproval. But they are also suitable for holding short discussions on specialised matters. What is decisive here is the freedom of choice. The range offered is generous and can be availed of easily. This floor plan establishes a distance to the narrow-minded, hyper-functionalist tendencies of modernism that with their apodictic, instructional manner brought this movement into disrepute in the 1960s. The open and liberal approach behind the design of the circulation areas in this building is far more a development of the tradition of Josef Frank, a convinced representative of modernism, was highly critical of its totalitarian tendencies and excrescences. Hence with its differentiated interior spaces and relationships to the outside this building is a further development example – in the area of office building – of the famous and often-quoted sentence in the essay "The House as Path and Place" (1931) by this important Austrian theorist: "A well organised building should be laid out like a town with streets and routes that inevitably lead to squares free from traffic so that one can relax in them." That this is not only applicable to villas but is also a useful principle for schools, office buildings, museums and even tenement houses is evident. But the way this principle is applied to the design of the essentially cheerful circulation and common spaces in this building is, however, especially convincing.

leitendes Licht

Durch das Glasdach eindringendes Zenitallicht flutet das Atrium und macht es zu einem hell erleuchteten Raum, wobei die Intensität nach unten und in den Galerien abnimmt. Obwohl mit dem Außenraum und den dortigen Lichtverhältnissen direkt verbunden, ist die Stimmung in den Loggien wegen des Seitenlichts milder. Der Kontrast von den Galerien zu den Gängen, welche in die Gebäudeflügel hinein stoßen, ist jedoch stärker. Dunkle Gänge werden allerdings vermieden, indem neben den Bürotüren transluzente Gläser eingesetzt sind, und an den Gangenden Loggien oder gut befensterte kleine Hallen liegen, sodass man in beiden Richtungen auf einen Lichtschimmer zugeht, der angenehm blendfrei ist. Zuoberst, vor den Räumen des Präsidiums, weitet sich der Gang zum Foyer mit Glaswänden und geht über in eine Loggia, die eine Sonderrolle einnimmt, weil sie als eingeschnittene Terrasse ohne Dach mehr Licht in das Foyer bringt. Damit wird diese Raumsequenz zur eigenständigen architektonischen Figur aufgewertet.

The light entering from above through the roof light floods the atrium, making it into a brightly lit space, whereby lower down and on the galleries the intensity is reduced. Although they are directly connected with outdoor space and the prevailing light conditions, the atmosphere in the loggias is more gentle as the light comes from the side. The contrast between the galleries and the corridors that lead into the building wings is, however, stronger. Dark corridors are avoided by using panes of translucent glass beside the office doors, and at the ends of the corridors there are loggias or small halls with sufficient windows so that in both directions one proceeds towards a shimmer of light that is pleasantly free from glare. At the very top, in front of the boardrooms, the corridor widens into a foyer and leads into a loggia that here has a special role because it is an incised terrace without a roof and thus introduces more light into the foyer. This makes this sequence of spaces into an independent spatial figure.

Formfarbe – Materialfarbe

Nach ersten Überlegungen des Farbkonzepts sollte der Baukörper komplementär zum Grün der umgebenden Wiesenflächen eingefärbt sein, die ostseitig, dank des benachbarten Kinderspielplatzes, recht ausgedehnt sind. Der „konkret" arbeitende Künstler Oskar Putz schlug in seinem Entwurf ein erdiges Rot vor. Die als gebranntes Siena bekannte Farbe war jedoch physikalisch zu dunkel. Das heißt, dass der Reflexionsgrad zu gering (unter 25%) geraten wäre. Das in der Folge gewählte Ziegelrot wirkt fröhlicher und selbstbewusster und erwies sich im Kontext als richtig, da der Baukörper über dem Sockel damit mehr Autonomie gewinnt. Für letzteren war anfänglich ein kühles Blau vorgesehen. Um die angestrebte Wirkung eines „schwebenden" Baukörpers zu erzielen, wie dies die aufgestützten südlichen Gebäudeflügel anklingen lassen, wurde ein leicht ins Blau tendierendes Grau gewählt. Dies nimmt dem Sockel die farbliche Autonomie; eine unerwünschte Konkurrenz zum ziegelroten Hauptbaukörper wird vermieden. Zwei Helligkeitsstufen betonen das flache Relief der Pfeiler mit den schmalhohen Öffnungen dazwischen. Die optische Wirkung von „Tragen" wird reduziert, was wieder dem Ziel virtuellen Schwebens dient. Davon ausgenommen ist der den Haupteingang fassende Rahmen. Dessen dunkles Blaugrün tritt in der Frontalansicht kaum in Erscheinung, in jener von der Seite erweist sich die Helligkeit ähnlich jener der Sockelfarbe, sodass sich die beiden Oberflächen bloß im Farbton unterscheiden. Auch hier wird autonome Wirkung zurückgenommen zu Gunsten des Hauptkörpers.

Während außen reine Farbwirkungen ohne materiale Komponenten eingesetzt sind, ist es im Inneren umgekehrt. Den ausgedehnten Flächen in dematerialisierendem Weiß sind Materialien vorgelagert, die als Schichten körperhaft bleiben

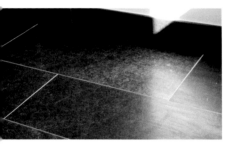

und selbst eingefärbt – wie der Linolboden – als Material, nicht als Farbpigment wahrgenommen werden. Dennoch bilden die Materialfarben eine bewusste Kombination. Der tiefgründig wirkende Steinboden im Erdgeschoß besteht aus dunkelgrünem Chloritschiefer von einem Bruch auf der Alpensüdseite. Die daraus aufsteigenden seitlichen Paneele in der Eingangshalle, das Portierpult und die Verkleidung des Toilettenprismas in den oberen Geschoßen wurden mit dazu kontrastierendem, rotbraunem Birnenholz furniert. Die Lehnborde auf den Galeriebrüstungen und die schildartigen Paneele der Bürotüren weisen ein zurückhaltendes, bleichgelbes Birkenfurnier auf, das zum Weiß der Wände wenig kontrastiert. Bleibt der Linolboden, dessen Farbe, blutorange, mit der Lieferfirma in mehreren Schritten abgestimmt, in Beziehung zum Ziegelrot der Fassade steht. Das kräftige Rot wirkt in den Erschließungsflächen belebend, und der Widerschein lässt die weißen Wände und Decken in den Galerien zart erröten. In den Büros wechselt das Material auf Parkett aus geräucherter Eiche, die dadurch etwas mehr Rotanteile bekommt, sodass insgesamt warme Materialfarben vorherrschen. Den Kontrapunkt setzen die Glasmosaikfliesen im Teich auf der Südestrade. Das leuchtende Türkisgrün steht für kühle Frische, klare Tiefe und könnte den Swimmingpool-Bildern von David Hockney entsprungen sein.

Initially, reflections about the colour concept suggested that the building should be in a complementary colour to the surrounding green fields that, thanks to the neighbouring children's playground on the east side, are extensive. In his proposal the "concrete" artist Oskar Putz suggested an earthy red colour. This colour, known as burnt Siena, was however too dark in terms of light physics. That is to say the degree of reflection (under 25%) was too low. The brick red subsequently chosen seems more cheerful and self-confident and in this context it has turned out to be a correct choice, as it gives the building above the plinth greater autonomy. A cool blue was originally chosen for the plinth. Ultimately, to achieve the desired effect of a "hovering" building suggested by the elevated southern wing, a bluish grey was selected. This takes from the plinth of any autonomy in terms of colour, and avoids a contrast to the brick red of the main building (which was not desired). Two different degrees of brightness emphasise the flat relief of the piers with the tall, narrow openings between them. The optical effect of "carrying" is reduced, which in turn helps to convey the impression of virtual "hovering". The frame surrounding the main entrance is excluded from this treatment. Its dark blue-green colour is hardly noticeable when seen directly from the front but from the side it has a level of brightness similar to that of the plinth colour, so that the two surfaces differ only in terms of colour. Here, too, the autonomous effect is reduced so as to emphasise the main building.

Whereas externally colour effects are used without material components, in the interior the reverse is true. The materials placed in front of the extensive areas painted a dematerialising white remain physically present as layers and even when coloured – like the linoleum floor – are perceived

as material rather than colour. Nevertheless, the colours of the materials deliberately form a combination. The stone flooring on the ground floor with its suggestion of depth is made of dark green chlorite slate from a quarry on the south side of the Alps. The side panels rising up from it in the entrance hall, the porter's desk and the cladding to the prism containing the washrooms on the upper floors are clad with a contrasting reddish-brown pear wood veneer. The rail to lean against along the gallery parapets and the shield-like panels of the office doors have a restrained bleached yellow veneer that provides little contrast to the white of the walls. There remains the linoleum flooring, whose colour – blood orange – was worked out with the suppliers in a series of steps and which relates to the brick-red of the façade. In the circulation spaces the powerful orange-red has an animating effect and its reflection in the white walls and ceilings in the galleries gives them a delicate reddish tinge. In the offices brown smoked oak parquet is used instead of linoleum, however the proximity to the orange flooring brings out the reddish tones in the oak, so that the dominant material colours are warm. The glass mosaic tiles in the pond on the southern dais provide a counterpoint. The glowing turquoise green symbolises a cool freshness that could have been borrowed from David Hockney's swimming pool paintings.

scheinbar Zufälliges

Das raffinierte Spiel von geometrischer Ordnung und gewoll-
ter Unregelmäßigkeit in der Erscheinung ist am ausgeprägtes-
ten an der Fassade nachvollziehbar. Die Fenster sind im
Prinzip mit gleichen Abständen aneinandergereiht, sodass
im Inneren die Zwischenwände in einem büroverträglichen
Raster angeschlossen werden können. Bezogen auf die
Geschoße sind die Zeilen jedoch gegeneinander verschoben
und die eine oder andere Synkope relativiert die exakte
Reihung, sodass genaue Zuordnungen dem Auge schwer-
fallen. Zusätzlich ist die großteils geregelte Schar der quadratischen Fenster da und dort mit schmalhohen Öffnungen
legiert, die der Wahrnehmung ein weiteres Schnippchen
schlagen. Diesen gleichsam interferierenden Ordnungen auf
der einen Maßstabsebene ist auf der nächst höheren die
aleatorische Verteilung der eingeschnittenen Loggien überlagert, so dass der primäre Gesamteindruck des Zufälligen
bestimmend bleibt, auch wenn die rationalen geometrischen
Ordnungen der Öffnungslayer ergründet sind.

Im Atrium variiert der von oben gut einsehbare Teich
mit einer zwanglosen Disposition der Oberlichtkuppeln und
Pflanzeninseln das Thema der Fassade. Der Teich beansprucht
einen großen Teil der südlichen Estrade, ein Geschoß über
der Eingangshalle. Seine Form folgt — vereinfacht — jener der
das Atrium definierenden Galeriebrüstungen. Die vier Ober-
lichtquadrate liegen auf den ersten Blick völlig zufällig im
größeren Teil, der von einem kleinen Steg gegliederten
Wasserfläche. Bei näherem Hinsehen sind deren zwei, das ist
immerhin die Hälfte, parallel zur einen Längsseite angeord-
net, die dritte quasi parallel zur anderen. Nur die vierte —
etwas kleinere — ist vermeintlich völlig frei aus allen Bezugs-
richtungen gedreht, wäre da nicht die direkt darüber aufstei-
gende Staffel von Galeriebrüstungen, auf die sie sich bezieht.

wohnliche Reizstreifen

Das Private beschränkt sich in Büroräumen meist auf ein paar Pflanzen auf dem Sims, ein, zwei Bilder an den Wänden oder gar bloß einige Postkarten und Familienfotos auf dem Schreibtisch, die kaum oder wenig Raum beanspruchen. Mit dem Einbau von Loggien, die, zufällig verteilt, die Zeilen der Zellenbüros unterbrechen, wird ein Element aus dem anspruchsvollen Wohnbau in eine bisher regelhaft hochrationalisierte Bauaufgabe hineingetragen, was räumliche und funktionale Auswirkungen hat. Der Wechsel aus der Bürozelle in eine Loggia ist in seiner mehrfachen Bedeutung kaum zu überschätzen. Psychologisch bietet die Loggia eine neue, andersartige Gesprächssituation, die gleichwertiger und somit lösungs- und konsensfreundlicher ist. Man gelangt an die frische Luft, ist aber dennoch in einer Zone zwischen drinnen und draußen, ähnlich der Ambivalenz von Arbeitsgespräch und kurzer Pause, die das Spektrum möglicher Nutzungen dieser Loggien aufspannt. Der Gang zum Café in der Eingangshalle und der dortige Aufenthalt unterscheiden sich davon kategoriell. Auch ist dieser durch die Tradition stärker formalisiert, im Gegensatz zum informellen Aufenthalt in den Loggien mit der formidablen Aussicht oder in den Ganghallen mit oft individuellen Möbeln, die sowohl verfremdend als auch einladender wirken als Standardprodukte. Das Hineintragen privater Wohnlichkeit in den Büroalltag mag den einen als trojanisches Pferd erscheinen. Inhaltlich wirkt dieses neue und ungewohnte Element jedoch gegen die Gefahren grauer Routine, Verhaltensstereotypen und von Selbstisolation in den Zellenbüros und verbessert letztendlich das Arbeitsklima und die Qualität der geleisteten Arbeit.

elements of domesticity

In most offices the private sphere is restricted to a few potted plants on the window sill, one or two paintings on the walls or perhaps just a few picture postcards and family photos on the desk that take up little or almost no space. Through the insertion of the loggias distributed at random, which interrupt the rows of cellular offices, an element from higher standard housing is introduced into a usually highly rationalised building type, a move that, of course, has spatial and functional effects. The multiple significance of the move from the office cell to the loggia can hardly be overestimated. In

psychological terms the loggia offers a new, different conversation situation that suggests more equality and is therefore more conducive to producing solutions and arriving at compromises. One has access to the fresh air but is still in a zone between inside and outside – similar in a way to the ambivalence between a work discussion and a short break – that reveals the spectrum of the different possible ways the loggias can be used. The stroll to the café in the entrance hall and the time spent there are essentially different. This latter is more strongly formalised by tradition, in contrast to the informality of a visit to the loggias with their impressive views or to the corridor halls with their often individual pieces of furniture that are both more disturbing and inviting than standard products. The introduction of a kind of private domesticity to everyday office life may, to some people, seem something of a Trojan horse. But in terms of content this new and unfamiliar element helps reduce the dangers inherent in colourless routine, stereotypical behaviour patterns and self-isolation in cellular offices, and ultimately improves the work climate and the quality of the work carried out.

architekturwirksames Tragwerk

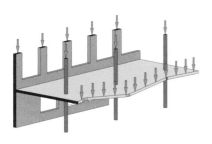

Statisches System

Trotz der mehrgliedrigen Großform des Baukörpers ist sein Tragsystem vom Prinzip her einfach: Die Außenmauern sind als tragende und aussteifende Scheiben ausgebildet, die, obwohl von zahlreichen Fensteröffnungen durchbrochen, im Zusammenwirken über mehrere Geschoße selbst größere Spannweiten im Erdgeschoß, etwa über den teilbaren Sälen im Osttrakt, zu bewältigen vermögen. Im Inneren sind es vor allem zwei Stützenreihen, die büroseitig der Trennwände zu den Gängen und Galerien stehen, wo sie zwischen den Ablagekästen verschwinden. Sie würden eine weitgehend freie Grundrissorganisation erlauben. Interessant wird es jeweils dort, wo sich zwei oder mehr konzeptionelle Elemente des Bauwerks überlagern oder durchdringen. Dies zeigt sich in der Eingangshalle, wo das Stützenpaar kurz nach dem Eingang, dem regelmäßigen Rhythmus aus den Obergeschoßen gehorchend, nach rechts verschoben erscheint, sodass die nahe der Mitte stehende Rundstütze den Strom der Eintretenden teilt, die Unkundigen bremst und diese unbewusst an das Portierpult verweist. Das zweite Stützenpaar folgt ebenfalls der darüber vorgegebenen Ordnung. Die Stellung der beiden Rundstützen ist jedoch eine flankierende, sie deuten die Trennlinie zur Raumzone des Cafés an, wo die Eingangshalle nach Durchdringen des Atriums in einen räumlich ruhigeren Charakter übergeht.

Statisch anspruchsvoller gestaltete sich die Überlagerung der Köpfe des Südost- und des Südwesttrakts mit dem Parkdeck. Die kammartige Ordnung der Parkplätze erlaubte nur an wenigen Stellen die Platzierung kurzer Scheiben oder kräftiger Stützen. Unter Ausnützung der Scheibenwirkung der Außenmauern werden größere Öffnungen überbrückt, sodass die wenigen Stützelemente wegen ihrer unregelmäßigen Anordnung nicht sofort als solche identifiziert werden. Ihre

an eine konkrete Skulptur erinnernde, unregelmäßige Positio-
nierung sowie die kragenden Ecken stärken den Eindruck
scheinbaren Schwebens, der sich vom schmalhohen Kopfbau
auf den gesamten Baukörper überträgt, obwohl der viel
größere Rest auf Zeilen kräftiger Pfeiler ruht. Allerdings trägt
auch die Farbgebung zu diesem Effekt bei. Obwohl statisch
rational bedingt, löst sich die architektonische Aussage
von der materiellen Schwere, lotet den Freiraum der Disziplin
‚Architektur‘ aus und gewinnt autonome Kraft.

architecturally effective structure

Despite the several elements making up the articulated major form of the building its structural system is essentially simple: the outside walls are made as load-bearing and bracing panels that – even though penetrated by numerous openings – can, as they work together over several storeys, deal with even the larger spans at ground floor level, for example in the sub-divisible halls in the east wing.

In the interior there are two rows of columns on the office side of the partition walls to the corridors where they vanish between the storage chests. They would, by and large, allow a free layout. The particularly interesting points are where two or more conceptual elements of the building are overlaid or penetrate each other. This is shown, for example,

in the entrance hall, where a pair of columns directly past the entrance that follow the regular rhythm given by the floors above, which appear to be shifted to the right, so that the circular column standing close to the centre divides the flow of people entering the building, slowing down those who do not know their way and leading them unawares to the porter's desk.

The second pair of columns also follows the order established above. In this case the positioning of both circular columns is a flanking one, they suggest the boundary to the spatial zone of the café, where, after penetrating the atrium, the entrance hall acquires a more spatially tranquil character.

The overlaying of the ends of the south-east and south-west wings with the parking deck is structurally more complex. The comb-like arrangement of the car parking spaces meant that short panels or powerful columns could be positioned at only a few places. The panel effect of the outside walls is exploited to bridge large openings so that, due to the irregular way they are placed, the few column elements are not immediately identifiable as such. Their irregular positioning, reminiscent of a concrete sculpture, as well as the cantilevered corners strengthen the impression of hovering that spreads from the tall and narrow end building to the entire structure, although the remainder of the building, which is far larger, rests on rows of powerful columns. It should be said that the use of colour also contributes to this effect. Although rationally determined by the laws of structural design the architectural statement frees itself from material weightiness, explores the free space of the discipline "architecture", and gains an autonomous strength.

Obwohl das Gebäude dank des Atriums übersichtlich und keineswegs labyrinthisch ist, sollen sich Besucher, temporäre Nutzer, selbst Mitarbeiter darin rasch zurechtfinden und auf möglichst direktem Weg zur gesuchten Stelle gelangen. Erstens wurde daher das Gebäude als Ganzes sowie dessen Hauptteile mit Grundbezeichnungen benannt. Während das Haus mit dem bundesweiten Logo der Wirtschaftskammer ‚WKO‘ sowie dem Zusatz ‚NÖ‘ für Niederösterreich knapp, aber bestimmt ausgewiesen ist, entschied man sich bei den Gebäudeflügeln für die Himmelsrichtungen: Nord, Süd und Ost. In der geografisch nachvollziehbaren Lage des Standorts ist dies logisch – im dichten Gefüge einer Großstadt wäre dies schwerer verifizierbar. Die großen Lettern lassen sich über die Weite des Atriums hinweg, wenn man aus dem Aufzug tritt, gut erkennen und sind rasch zu lesen, sodass Zuordnung und Zielwahl erfolgen können. Deutlich kontrastiert das zweistufig abgedunkelte Fahnenrot der Logofarbe zum weißen Grund der Wand. Wo jedoch Schriftzüge mit dem warmen Rotbraun des Birnenholzfurniers in Kontakt kommen, wechselt das Material zu Aluminium, wodurch der Kontrast milder wird, doch der Materialunterschied gewährt weiterhin gute Lesbarkeit. Die neusachliche DIN-Schrift aus dem frühen 20. Jahrhundert, vom niederländischen Grafik-Designer Albert Jan Pool 1995 zur Schriftfamilie ‚FF-DIN‘ ausgearbeitet, bleibt gleich. Sie dient der Wirtschaftskammer als Hausschrift im Rahmen der Corporate Identity. Die Bezeichnungen der Geschoße sind, weil Besucher mehrheitlich die Aufzüge nützen, in denen die Zielwahl über beschriftete Druckknöpfe erfolgt, vor allem für Mitarbeitende wichtig, die wegen ein, zwei Geschoßen nicht auf den Lift warten. Darum befinden sich auf den Glastüren der Treppenhäuser große Ziffern aus transluzenter Folie. Ihr

3

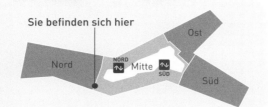

Sie befinden sich hier

Nord Mitte Ost Süd

Sparte Tourismus und Freizeitwirtschaft
E3-N04 bis E3-N06

← E3-N05 Tourismusfachgruppe 2

Sparte Information und Consulting
E3-N01 bis E3-N03 und E3-M04 bis E3-M08

← E3-N02 Sekretariat
  E3-M08 Sitzungszimmer

↳ E3-M06 Fachgruppe 1 und 2
  E3-M04 Sitzungszimmer

Wirtschaftsmanagement
E3-M01 und E3-M02

↳ E3-M02 EU-Abrechnungsstelle
  E3-M01 Unternemerservice

plakatives Format zitiert ein Element der Popkultur und macht sie unübersehbar. Zugleich ist ihre Erscheinung zurückhaltend, weil sie als mattierte Flächen vor dem klaren Glas nur auf kurze Distanz hervortreten, was dem vornehmlich internen Nutzen angemessen ist. Ein gewisses Maß an Verfremdung erfolgt durch das stegartige Durchbrechen der Ziffern, was an Schablonenschriften erinnert, wie sie bei temporärer Besitznahme oft eilig und pragmatisch angebracht werden. In der vorliegenden, kultivierten Form fügt sie den nüchternen Ziffern ein spielerisches Element hinzu, wodurch sie sich gut in das heitere architektonische Gesamtkonzept einreihen.

Bei der Schriftwahl für die Informationstafeln und der zurückhaltenden Überarbeitung der Piktogramme ist auf die weichen Rundungen der Brüstungsbänder im Atrium Bezug genommen. Zugleich wird das Element der die Zeichen durchbrechenden Stege aufgenommen. Die mit der FF-DIN-Schrift kompatible Schriftfamilie ‚Conduit' verfügt über leichte Rundungen und bot sich als moderate Variante an. Als neutrales Passepartout dienen Flächen eines warmen Grau in drei Helligkeitsstufen. Trotz klarer Charakteristik sind die Informationstafeln ruhig gehalten und gut lesbar. So vermögen Besucher hinzufinden, wo sie hin wollen. Und nach getaner Arbeit gelangen sie aus dem großen Gebäude auch problemlos wieder hinaus.

Although, thanks to the atrium, it is easy to orientate oneself
in this building which is anything but labyrinthine, the aim
is that visitors, temporary users and staff members should
be able to find as quickly as possible the most direct route
to where they wish to go. First of all the building as a whole
and its main parts were named using basic descriptions.
Whereas the building is briefly but clearly indicated by means
of the logo of the Chamber of Commerce WKO with the
suffix NÖ for Niederösterreich (Lower Austria), for the sign-
age of the various wings of the building it was decided to use
the points of the compass: Nord (north), Süd (south) and Ost
(east). In a peripheral location, where geographical orientation is easy, this is a logical decision; in the dense mesh of
a major city it would be more problematic. When one comes
out of the lift the large letters can be easily seen and read
across the width of the atrium, allowing one to quickly find
one's goal. The two dark red shades of the logo contrast clearly with the white ground of the wall. Where the lettering
contrasts with the reddish-brown of the pear wood veneer
the material used is aluminium – which makes the contrast
softer – but the difference in material still guarantees good
legibility. The "neue Sachlichkeit" style DIN lettering dating
from the early 20th century, developed in 1995 by Dutch
graphic designer Albert Jan Pool into the family of typefaces
"FF-DIN", remains the same. The WKO uses this "house lettering" as part of its corporate identity so to speak. Because
most users to the building take the elevator and choose where
they want to go by pressing the appropriate button, the num-
bering of the different floors is primarily of relevance to staff
members who do not wait for a lift to go up or down one
or two floors. Consequently the large numbers made of translucent foil are placed on the glass doors of the staircase. The

striking format quotes an element of pop culture and makes them impossible to overlook. At the same time their appearance is discreet because the matt surfaces on clear glass emerge only when one is relatively close to them, which is appropriate as they are used largely for internal purposes. The way the numbers are broken up (somewhat like the kind of stencil lettering often used quickly and pragmatically when taking temporary possession of something) adds a certain degree of irritation. In the cultivated form employed here it gives the sober numbers a playful quality which is well suited to the light-hearted overall architectural concept.

The choice of lettering for the information boards and the restrained working of the pictograms refers to the soft rounding of the parapet bands in the atrium. The lettering family "Conduit", which is compatible with the FF-DIN lettering, has soft curves and represents a moderate variation. Surfaces in three shades of warm grey provide a neutral surround. Despite their clear and definite character the information boards are restrained and easily legible, making it simple to visitors to find their way around. And when the purpose of their visit is accomplished they can also easily find their way out of the building.

wachsen, blühen, welken im Raum

Es ist eine besondere Lebensform, die wir mit Pflanzen in unsere Gebäude hineinholen: langsame und doch stetige Vorgänge wie jener des Wachsens werden von den kurzzeitigen des Blühens überlagert, die in ihrer Vereinzelung zumeist nur mehr eine Indikatorfunktion anbieten für die viel umfangreicheren Abläufe in den Gärten oder der freien Natur. Doch in ihrer individuellen Zuspitzung der Betreuung stellen sie zugleich eine eigene Kulturform dar. Das von den Landschaftsarchitekten Auböck & Kárász entwickelte Konzept für die zahlreichen Stellen und Orte im Haus, die in größerem oder kleinerem Ausmaß durch Pflanzen akzentuiert werden sollten, ist hingegen mehrfach differenziert: Es berücksichtigt neben den spezifischen Eigenschaften der Pflanzen unter anderem die Lage und die unterschiedliche Lichtintensität im Haus sowie die bereits feststehenden Farben von Wänden und Böden. Auf begrenztem Raum wird ein Querschnitt aus der komplexen Welt des Pflanzenlebens eingebracht, der allerdings auch flexibel ist. Die Loggien an der Nord- und der Westseite sind mit immergrünen Nadelgehölzen wie Kiefer und Wacholder oder dem rotblättrigen japanischen Ahorn und darunter wachsenden Taglilien anders bepflanzt als jene an der Süd- und Ostseite, die mit Zierapfel, Wildbirne, Tamariske und Salbei aufwarten. In den obersten Geschoßen können mediterrane Pflanzen wie ein Olivenbaum und Hauswurz gedeihen, während weiter unten, wo das Tageslicht immer mehr abnimmt, schattenverträgliche Pflanzen ihren Platz finden. Und aus den Inseln in der Wasserfläche des Atriums wächst Zyperngras. Doch damit nicht genug, die Farbe der Blätter, aber vor allem jene der Blüten, die im Wechsel der Jahreszeiten aufgehen und welken, sind auf das Rot der Fassade, das Orange der Loggien und das heftige Blutorange des Linolbodens abgestimmt. Dazu kommt der

Duft der Pflanzen, ihrer Blüten und oft auch Blätter. Dieses vielfältige und lebendige Abbild von Natur bedingt einerseits einen gewissen technischen Aufwand, der jedoch in seiner Bedeutung zurücktritt verglichen mit der Pflege, die als Arbeit am Lebendigen die weitere Entwicklung unterstützend, präzisierend und ausgleichend begleiten muss, aber zugleich darf, denn es ist eine faszinierende Aufgabe, sich in die Eigenheiten dieses „räumlichen Gartens" zu vertiefen, vielleicht Schwierigkeiten, die da oder dort auftreten, als delikate Aufgabe anzunehmen, nach neuen Lösungen zu suchen und nicht mit schnellfertiger Elimination zu reagieren. Denn dann vermag auch die ins Haus geholte Pflanzenwelt zur Optimierung des Arbeitsklimas beizutragen. Das große Gebäude als kleine Stadt verfügt somit nicht nur über Wege und Plätze, sondern ebenso über kleine Parkanlagen, markante Bäume und Grüninseln, die das Leben und Arbeiten der Menschen bereichern.

growing, flowering, withering in interior spaces

In bringing plants into our buildings we are introducing a special form of life; slow and yet constant processes such as growth are overlaid by the short-lived process of flowering which generally occurs only as a single indicator of far more extensive processes in gardens or in nature. But through the individual care lavished on them such plants also represent a special cultural form. The concept developed by landscape architects Auböck & Kárász for the numerous places and positions in the building that were to be accentuated to a greater or lesser degree by plants is differentiated in several ways: in addition to the specific qualities of the plants it also takes into account the locations and the different intensities of light in the building, as well as the existing colours of the walls and floors. Within a limited space a cross-section of the complex world of plant life has been introduced, which, however, is also flexible. Whereas the loggias on the north and west sides have been planted with evergreens such as pine and juniper, or the red-leaved Japanese maple and daylilies, those on the south and east side have crab apples, wild pears, tamarisk and sage. On the uppermost floors Mediterranean plants such as the olive tree and houseleeks can flourish, while further down, where there is increasingly less light, a place has been found for plants that tolerate shade, while umbrella grass grows on the islands amidst the areas of water in the atrium. But this is not all, the colours of the leaves, and above all those of the flowers that blossom and wither with the change in the seasons harmonise with the red of the façade, the orange of the loggias, and the powerful blood orange of the linoleum floor. Then there is also the scent of the plants, their flowers, and also often their leaves. This diverse and living depiction of nature on the one hand requires a certain technical expenditure but this diminishes in significance when compared with the care of the plants, which is work on forms of life that supports, balances and more precisely defines their further development, but at the same time allows a deeper entry into the qualities of this "spatial garden", perhaps taking on difficulties that emerge here and there as delicate tasks, looking for new solutions instead of reacting with hasty elimination. In this way the introduction of the plant world into the building can contribute to optimising the climate of work. The large building is a small town that not only has its paths and squares but also offers small parks, striking trees and islands of greenery that enrich people's work and lives.

Programme und Nutzungen

Die Wirtschaftskammer Niederösterreich ist ein Dienstleistungsbetrieb, der seine Mitglieder spartenspezifisch berät und ihre Interessen und die der niederösterreichischen Wirtschaft vertritt. Den Mittelpunkt der Organisation bilden das Präsidium und die Direktion. Die weitere Gliederung unterscheidet in die Kammer im engeren Sinne sowie in die sieben Sparten: Bank und Versicherung, Gewerbe und Handwerk, Handel, Industrie, Information und Consulting, Tourismus und Freizeitwirtschaft, Transport und Verkehr. In der Kammer ordnen sich sechs Bereiche um das Präsidium und die Kammerdirektion: Rechtsmanagement, Wirtschaftsmanagement, Finanzmanagement und Controlling, Kommunikationsmanagement, Präsidial- und Personalmanagement, Wirtschaftsförderungsinstitut (WIFI); wobei sich letzteres im bestehenden Institutsgebäude befindet. Für diese doch sehr umfangreiche Organisation stehen Ein- und Mehrpersonenbüros für rund 300 Mitarbeitende, davon knapp zwei Dutzend Funktionäre zur Verfügung. Dazu kommen flexible Seminar- und Besprechungsräume für insgesamt 250 Personen, die Versorgungsinfrastruktur, Sanitärräume sowie ein Tagescafé im repräsentativen Foyer, das für Veranstaltungen genützt werden kann. Pro Geschoß sind zwei Teeküchen und Sozialräume eingeplant. Auch die Loggien bieten sich für den Aufenthalt in Arbeitspausen an, dienen als Raucherzonen oder kurzen fachlichen Gesprächen. An der dem Eingang abgewandten Ostseite befindet sich ein Garten mit einem kleinen Teich, über dem eine Holzplattform schwebt. Sie ist vom Foyer her zugänglich und dient als Gastgarten des Cafés. Insgesamt 180 Parkplätze stehen den Mitarbeitenden, Besuchern und Kunden zur Verfügung. Für die An- und Auslieferung der zentralen Dienste und die Ver- und Entsorgung besteht eine Zufahrt für Lastwagen.

The Chamber of Commerce of Lower Austria is a service organisation that provides its members with advice related to their specific fields of business and represents their interests and those of the Lower Austrian economy. The presiding committee and the executive form the centre point of the organisation. The Chamber of Commerce as an institution is further broken up into seven sectors: banking and insurance, crafts and trades, commerce, industry, information and consulting, tourism and leisure, transport and traffic. In the chamber six areas are organised around the presiding committee and the executive: legal management, business management, finance management and controlling, communication management, presiding committee and personnel management and the WIFI – the latter being located in the existing neighbouring building. Single person offices and workspaces for a number of persons have been provided to accommodate a total staff of around 300 in this extremely extensive organisation. In addition there are flexible seminar and meeting rooms for a total of 250 persons, the services infrastructure, sanitary facilities as well as a daytime café in the impressive foyer, which can also be used to hold events. There are two tea kitchens and social rooms per floor. The loggias can be used during breaks from work and also serve as smoking areas or a place for a brief shop talk. On the east side, which is turned away from the entrance, there is a garden area with a small pond and a wooden platform hovering above it. This platform, which can be accessed from the foyer, serves as a garden for visitors to the café. A total of 180 car parking spaces have been provided for staff members, visitors and clients. There is vehicular (truck) access for deliveries to and dispatch from the central services, as well as for supplies and removals.

Grundrisse und Schnitte
plans and sections

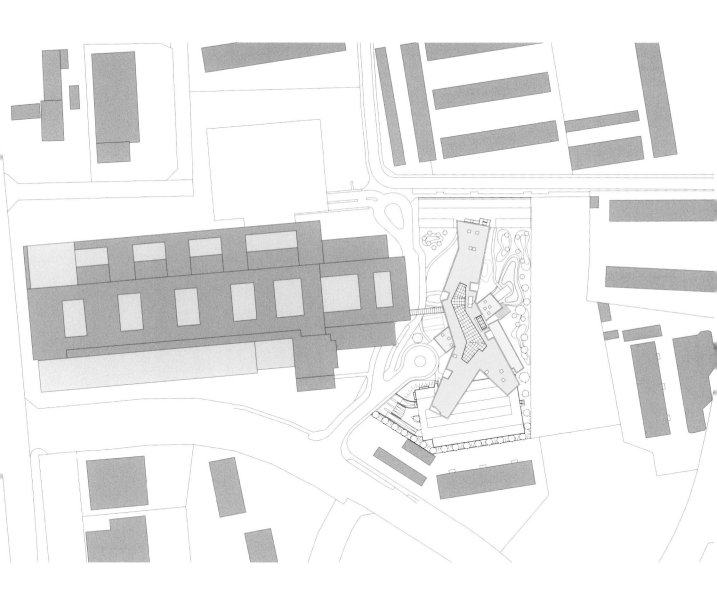

Lageplan
M 1:2000

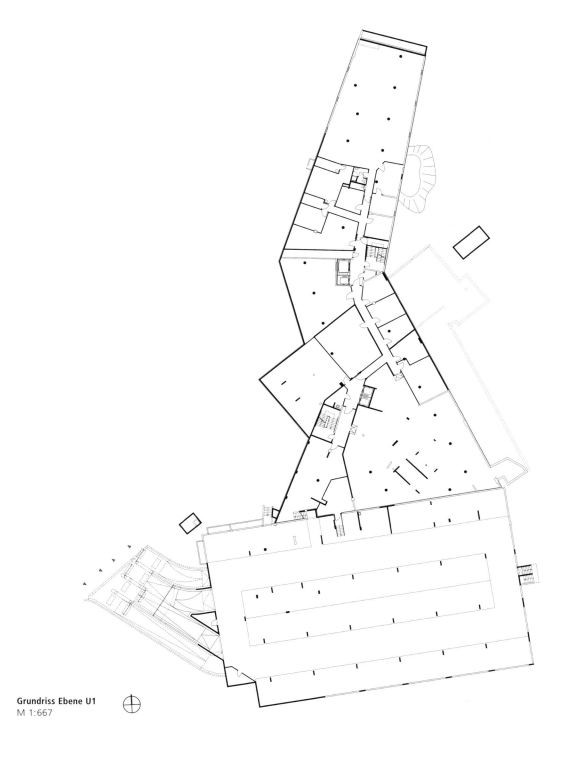

Grundriss Ebene U1
M 1:667

Grundriss Ebene 0
M 1:667

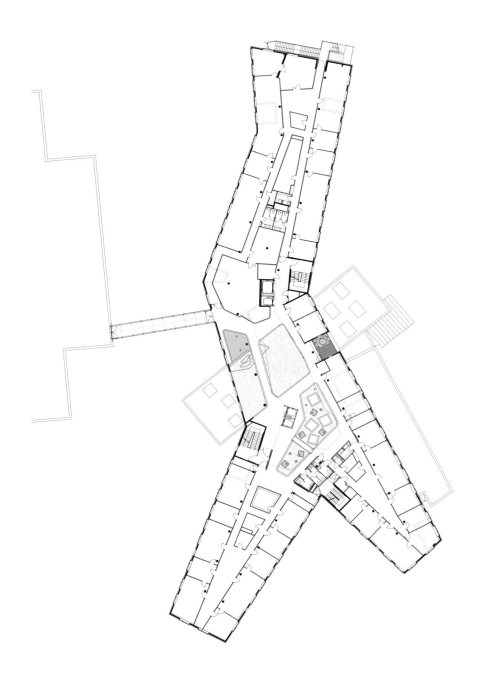

Grundriss Ebene 1
M 1:667

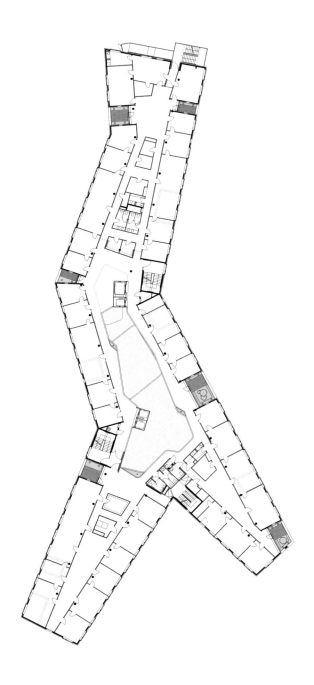

Grundriss Ebene 2
M 1:667

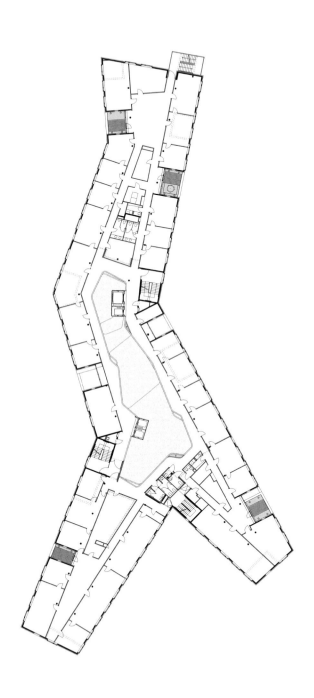

Grundriss Ebene 4
M 1:667

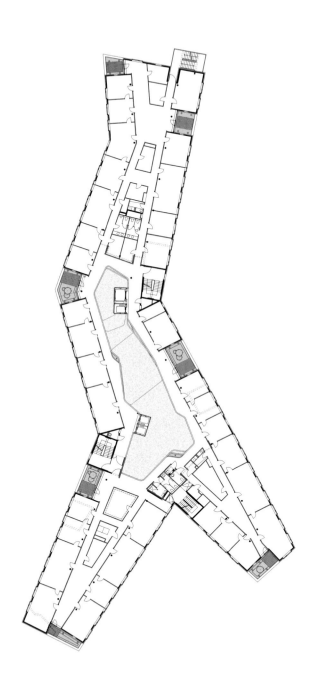

Grundriss Ebene 5
M 1:667

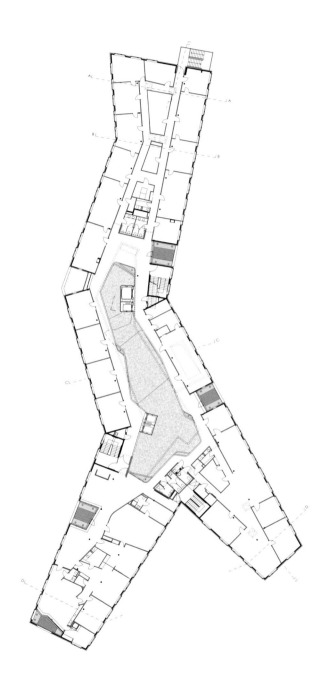

Grundriss Ebene 6
M 1:667

Schnitt A
M 1:667

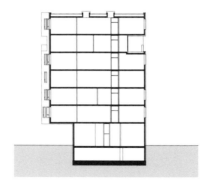

Schnitt B
M 1:667

Schnitt C
M 1:667

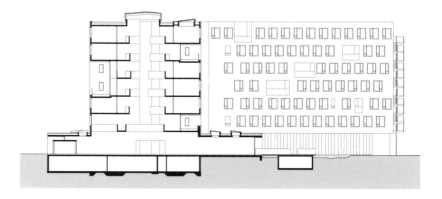

Schnitt D
M 1:667

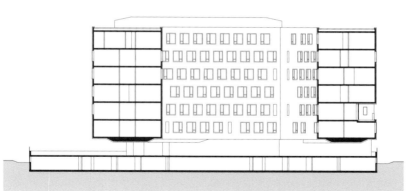

Westfassade Abwicklung
M 1:667

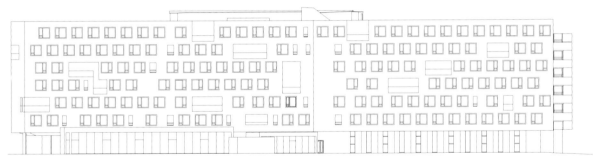

Ostfassade Abwicklung
M 1:667

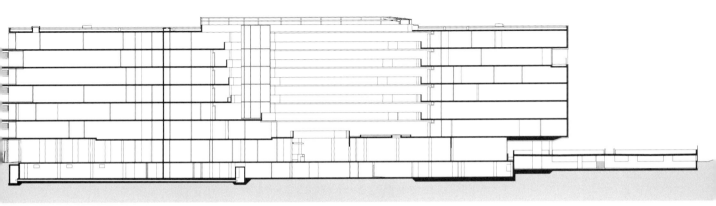

Längsschnitt
M 1:667

Flexibilität und Zukunftsfähigkeit

Mit seinen tragenden Außenmauern und den Rundstützen in den Mittelzonen ist der Rohbau des Gebäudes äußerst flexibel hinsichtlich der Unterteilung der Räume durch nichttragende Wände. In den drei Gebäudeflügeln sind daher außer der Anordnung von Zellenbüros auch größere Einheiten oder Kombibüros möglich, bei denen den – kleineren – Bürozellen ein gemeinsamer Bereich vorgelagert ist. Bei veränderten Bedürfnissen kann eine neue Raumaufteilung vorgenommen werden. Der Verzicht auf eine großflächige Glasfassade hält den unerwünschten Wärmeeintrag durch Sonneneinstrahlung gering, sodass sich eine kostenintensive Sommerkühlung auf Hitzetage beschränken kann. Entsprechend ist auch der Wärmeverlust im Winter geringer als bei den üblichen Büropalästen. Ein individuelles, auf das Gebäude abgestimmtes bauphysikalisches und energetisches Konzept optimiert den Energieverbrauch auf niedriger Stufe und arbeitet teils mit Elementen natürlicher Lüftung/Kühlung im Wechsel von Tag und Nacht, bietet jedoch zugleich individuelle Regelungsmöglichkeiten bis zur Fensterlüftung an. Diese einfachen Prinzipien auf gesicherten Erfahrungen beruhend sind für eine letztendlich unbekannte mittlere Zukunft mit einem Erneuerungszyklus von rund 30 Jahren kalkulierbarer als eine anspruchsvolle Hochtechnologie, die mehr Unterhalt und Pflege und kürzere Erneuerungszyklen erfordert.

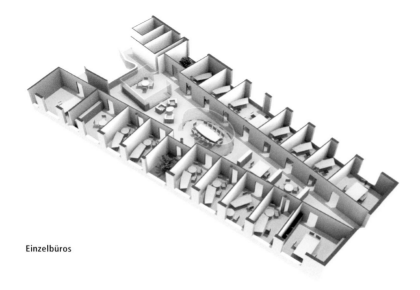

Einzelbüros

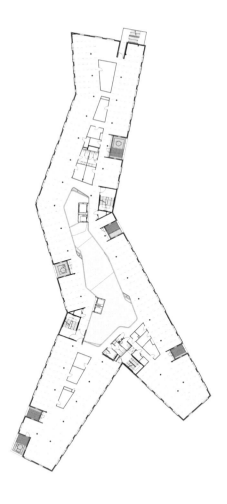

Flexibilität
Grundriss mit Achsraster der
nichttragenden Wände

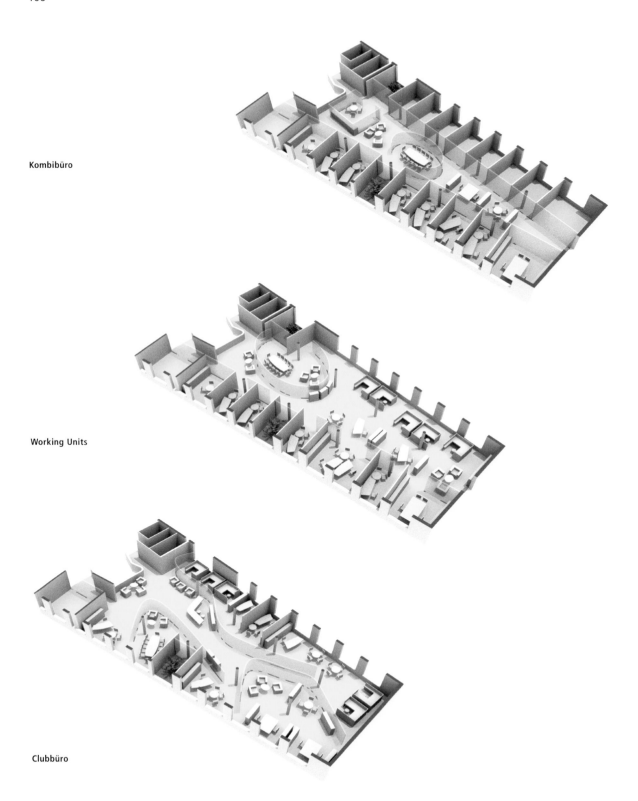

Kombibüro

Working Units

Clubbüro

Thanks to its load-bearing external walls and the circular columns in the central zones the basic structure of the building allows great flexibility in terms of dividing up the spaces with non-load bearing partitions. In the three wings of the building in addition to cellular office spaces it is also possible to create larger units or combined offices, in which a common area is placed in front of the – smaller – cellular offices. When and if needs change the spaces can be divided up differently. As a large glass façade was not used the undesirable build-up of heat caused by solar radiation can be kept to a minimum, and the cost-intensive cooling of the building in summer can be confined to exceptionally hot days. Consequently, heat loss in winter is also less than in comparable office "palaces". An individual building physics and energy concept tailor-made to suit the building keeps the use of energy to an optimally low level and works in part with aspects of natural ventilation / cooling in the change between day and night, while also offering individual possibilities of climate control, including opening windows. For the medium-term future that is, ultimately, unknown, and with a renewal cycle of around 30 years these simple principles based upon recorded experience are more easily calculable than a demanding high-tech system that requires more upkeep and maintenance and has shorter renewal cycles.

Nutzerzufriedenheit

Knapp 20 Jahre nach der Bestimmung St. Pöltens zur neuen Landeshauptstadt von Niederösterreich und etwa zehn Jahre nach der Übersiedlung der Landesverwaltung ins neue Regierungsviertel an der Traisen, verlegte auch die Wirtschaftskammer ihren Standort von der Wiener Herrengasse nach St. Pölten, nahe dem seit Jahrzehnten bestehenden WIFI in das vorstädtische, von Wohnhausanlagen und mehreren Dienstleistungsbetrieben geprägte Quartier im Süden des Stadtzentrums, in der Nähe des Autobahnanschlusses. Dieser Schritt bedeutete für die Kader und die meisten Beschäftigten eine tiefgreifende Veränderung der Lebensgewohnheiten, weshalb hinsichtlich der Anmutung und des architektonisch bedingten Arbeitsklimas zu Recht hohe Erwartungen bestanden. Die Bedürfnisse der aus ganz Niederösterreich kommenden Kunden und Besucher werden dank einer guten Erreichbarkeit und den Besucherparkplätzen allerdings deutlich besser erfüllt als in der Wiener Innenstadt. Bei den Mitarbeiterinnen und Mitarbeitern im Haus fanden die räumliche Großzügigkeit, die unerwartete Wohnlichkeit und die Wahrung individueller Bedürfnisse, etwa hinsichtlich der Raumtemperatur und der Möglichkeit, die Fenster zu öffnen, guten Anklang, sodass sich der Ortswechsel verschmerzen ließ.

Kopierraum
WC
Aufzug
Hauptstiege
Fluchtstiege
Teeküche

Infopläne Mitarbeiter
Grundriss Ebene 3

A bare twenty years after St Pölten was made the new regional capital of the State of Lower Austria and about ten years
after the regional administration moved into the new govern-
ment district there on the banks of the river Traisen, the
Lower Austrian Chamber of Commerce also moved from
Herrengasse in Vienna to St Pölten, to a location next to the
WIFI building – which had already been there for decades –
in a suburban area to the south of the town centre dominated
by housing complexes and numerous service industries.
For the management and for most of the staff this move represented a major life change, which justifiably led to them
having high expectations of the impression made by their
new, architecturally designed work environment. As the new
location is far more easily accessible and provides car parking
spaces for visitors, the needs of clients and visitors coming
from throughout Lower Austria can clearly be better met here
than in the city centre of Vienna. The spatial generosity, the
unexpected domestic quality and the response to individual
needs – for example as regards room temperatures and the
possibility of opening the windows – were well received by
the staff members and helped reconcile them to the change
of location.

Energie und Nachhaltigkeit

Das neue Gebäude sollte, was heute möglich, aber nicht immer selbstverständlich ist, niedrige Betriebskosten zur Folge haben. Auf Maßnahmen zur Kühlung wurde im Wettbewerbsprogramm noch verzichtet. Im Zuge der weiteren Konkretisierung des Projekts wurde ein energetisches Gesamtkonzept entwickelt, das Kühlung an heißen Sommertagen einschließt. Im Vordergrund stehen jedoch passive Maßnahmen, etwa dass die Primärkonstruktion als Speichermasse dient, die kurzzeitige Temperaturschwankungen ausgleicht.

Die Energieversorgung für die Heizung erfolgt durch Fernwärme. Beheizt wird im Erdgeschoßfoyer und im Café mit Fußbodenheizung, in den Büros mit Fan-Coils, die individuell regelbar sind, und in den Besprechungszimmern über das Lüftungssystem. Vereinzelt sind auch Wandheizkörper eingesetzt. In den Büros lassen sich die Fenster zum Lüften öffnen, was ein automatisches Ausschalten der Fan-Coils bewirkt. Die Frischluft für das Atrium und die Besprechungsräume wird über Luftbrunnen angesaugt und in einem in der Fundamentplatte eingebetteten Erdregister im Winter vorgewärmt, im Sommer vorgekühlt, gefiltert und nach Bedarf noch erwärmt oder gekühlt und in die Räume eingeblasen. Eine zentrale Kälteanlage versorgt die Lüftung des Atriums, der Seminarräume und des Cafés sowie die Fan-Coils mit Kälte. Letztere dienen insbesondere der Bewältigung von Temperaturspitzen an Hitzetagen. Zusätzlich wird die Nachtkühle durch Klappen bei den Loggien in das Atrium eingelassen, die Warmluft entweicht durch Öffnungen im Bereich des Glasdachs. Auf diese Weise kann die Baustruktur nachts etwas auskühlen, sodass es länger dauert, bis die Sommerhitze sich wieder auswirken kann.

Zusätzlich erzeugen die zahlreichen Pflanzbecken und der Teich samt Springbrunnen das ganze Jahr über ein behagliches Mikroklima mit angenehmer Luftfeuchte und frischem Ambiente.

Nachhaltigkeit wird einerseits mit ‚passiven' Maßnahmen, wie der Speicherwirkung der Baustruktur oder gezieltem Einsatz von Grün, erreicht. Andererseits dienen die Möglichkeiten der personenscharfen Regelung des Raumklimas in den Büros durch Fan-Coils oder die Fensterlüftung der Vermeidung von Verlusten durch individuelle Kompensation allgemeiner Temperatur- und Lüftungsvorgaben. Der subjektive Faktor bei einer Fensterlüftung im stark durchgrünten Wohnquartier verbessert sowohl die Nutzerzufriedenheit als auch die Energiebilanz.

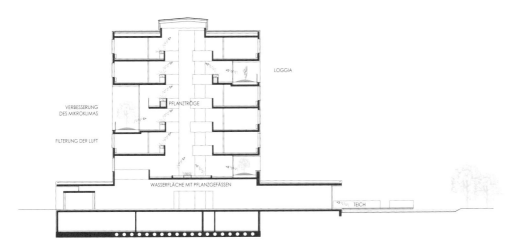

Energetisches System – Mikroklima

Optimierung der Behaglichkeit durch Bepflanzung

Luftfeuchtigkeitsausgleich

Temperaturausgleich

It was intended that the new building should have low running costs, something that is possible to achieve today but that is not always a matter of course. At the competition stage the brief rejected mechanical measures for cooling the building. As the project became more concrete an overall energy concept was worked out that included cooling on hot summer days. The emphasis, however, is on passive measures for example the using the primary structure as storage mass that can balance short-term fluctuations in temperature.

A district heating system supplies the energy for heating the building. There is underfloor heating in the foyer at ground floor level and in the café. Fan-coils that can be individually regulated are used in the offices while the conference rooms are heated by means of the ventilation system. Individual wall-mounted radiators are also used at places. In the offices the windows can be opened to ventilate the rooms, this automatically turns off the fan-coils. The fresh air for the atrium and the conference rooms is drawn into the building through so-called air wells and is pre-heated in winter by a grid of tubes embedded in the foundation slab, in summer it is pre-cooled and filtered, warmed or cooled as required and blown into the rooms. A central cooling plant provides the ventilation of the atrium, seminar rooms, café and the fan-coils with cooling. The fan-coils are used in particular to deal with peak temperatures on very hot days. In addition cool nighttime air is let into the atrium through flaps at the loggias, while warm air escapes through openings in the area of the glass roof. In this way the building structure can cool down somewhat at night so that it takes longer until the effect of the summer heat is felt again.

In addition the numerous plant beds and the pond with the fountain create a comfortable microclimate throughout the year that offers pleasant humidity levels and a fresh ambiance.

Sustainability is achieved through the use of "passive" measures such as, on the one hand, the storage capacity of the building structure or the well-considered use of greenery. On the other hand the fact that the climate in the offices can be regulated to meet personal requirements by means of fan-coils or window ventilation helps avoid losses, as standard temperature and ventilation settings can be individually adjusted. The subjective aspect of being able to open a window in a residential area that is permeated with greenery increases user satisfaction and improves the energy balance.

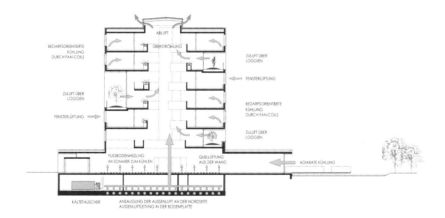

Energetisches System Sommer

Grundkonditionierung über Quellluft aus der Bodenplatte

Adiabate Kühlung durch Teich, Wasserbecken und Pflanztröge

Individuelle Feinabstimmung mittels Fan-Coils

Sonnenschutz für jeden transparenten Bauteil

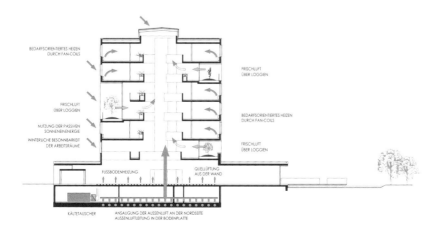

Energetisches System Winter

Grundkonditionierung über Quellluft aus der Bodenplatte

Nutzung der passiven Sonnenenergie

Individuelle Feinabstimmung mittels Fan-Coils

Termine, Kosten, Bauabwicklung

Zur Erlangung von Entwürfen für das neue Gebäude der Wirtschaftskammer in St. Pölten wurde ein EU-weites Vergabeverfahren mit wettbewerbsähnlichem Charakter durchgeführt.

Mai 2002: erste Bearbeitungsstufe
August 2002: zweite Bearbeitungsstufe für sechs Architekturbüros: BKK3, Wien; Arch. Franz Kneidinger, Linz; Arch. Rüdiger Lainer, Wien; Dr. Shebl & Partner, Linz; Arch. Dieter Wallmann, Wien; Arch. Johannes Zieser, St. Pölten
Gewinner: Arch. Rüdiger Lainer, Wien
Dezember 2002: Auftrag und Planungsbeginn
Jänner 2003: Vorentwurf
April 2003: Entwurf
Juli 2003: Einreichung und Ausführungsplanung
November 2003: Baubeginn
23. Dezember 2005: Fertigstellung
Jänner 2006: Bezug

Im Wettbewerb waren Nettoherstellungskosten (Rohbau, Ausbau, Technik) ohne EDV und Einrichtung von 15 Mio € vorgegeben. Zusätzlich zu diesem Budget wurden für Änderungen der Ausstattung sowie ursprünglich ausgegliederte Kostenbereiche (z.B. strukturierte EDV-Verkabelung, Kühlung der Büros, gesamte Büroeinrichtung) 4,4 Mio € vorgesehen. Eine permanente Kostenverfolgung machte sämtliche Entscheide und deren Kostenfolgen nachvollziehbar. Insgesamt wurden inklusive Einrichtung 19,4 Mio € Budget freigegeben. Diese Nettoherstellungskosten wurden in der Abrechnung sogar um 4% unterschritten. Ermöglicht wurde dies durch frühzeitige Berücksichtigung kostenrelevanter Faktoren und genaue Ausschreibungen, die exakte Angebote, ohne Hoffnung auf Nachträge zur Folge hatten.

Auch der ambitionierte Fertigstellungs- und Übersiedlungstermin wurde bereits im Wettbewerb vorgegeben. Durch organisatorische Straffung des Planungsprozesses und Optimierung der Informationsflüsse in der Bauphase konnten diese Vorgaben trotz der zusätzlichen Bedürfnisse und Leistungsmehrungen punktgenau erfüllt werden.

Glück war auch im Spiel, keine der Firmen geriet in wirtschaftliche Schwierigkeiten oder gar in Konkurs, was üblicherweise zu termin- und kostenkritischen Situationen führt.

Entscheidend war jedoch das gute Vertrauensverhältnis zwischen den Planern und der Bauherrschaft, die sehr gut vorbereitet war und genau wusste, was sie wollte. Ihre zeitgerechte Einbindung in alle Entscheidungen sowie die Konzentration auf funktionale und kostenrelevante Kriterien in den Besprechungen erleichterte den gesamten Planungs- und Bauprozess.

deadlines, costs, organisation of the construction process

With the goal of obtaining designs for a new building for the Chamber of Commerce of Lower Austria in St Pölten an award procedure with the character of a competition was set up that was open to entrants from throughout the EU.

May 2002: first working phase
August 2002: second working phase for six
architects practices: BKK3, Vienna; Arch. Franz Kneidinger, Linz; Arch. Rüdiger Lainer, Vienna; Dr. Shebl & Partner, Linz; Arch. Dieter Wallmann, Vienna; Arch. Johannes Zieser, St Pölten
Winner: Arch. Rüdiger Lainer, Vienna
December 2002: contract and start of planning
January 2003: preliminary design
April 2003: design
July 2003: planning permission application and detail planning
November 2003: start of construction
23. December 2005: completion
January 2006: move into the new building

In the competition documentation net construction costs of 15 million euro (building shell, fitting-out, services) were laid down, not including EDP and furniture. In addition to this budget a sum of 4.4 million euro was earmarked for alterations to the fittings as well as for cost areas originally excluded (e.g. structured EDP cabling, cooling for the offices, all the office furniture and fittings). Permanent cost monitoring made all decisions and their cost implications transparent. Consequently a budget of 19.4 million euro – including fittings and furnishings – was approved. The final costs were 4 per cent below these net production costs. This was achieved by taking cost-relevant factors into account at an early stage, and by means of precise specifications that resulted in exact tenders without any prospect of variations.

The ambitious dates fixed for completion and moving in were also laid down in part at the competition phase. By tightly organising the planning process and optimising the flow of information during construction it proved possible to meet these deadlines precisely, despite additional needs and extras.

Luck also played a part; none of the firms ran into financial difficulties or became involved in bankruptcy proceedings, which can so often lead to critical situations in terms of deadlines and costs.

However, the decisive aspect was the relationship of trust between the architects and the clients who were extremely well prepared and knew exactly what they wanted. By involving them in all decisions at an early stage and by concentrating during discussions on functional, cost-relevant criteria the entire planning and construction process could be considerably expedited.

Anhang
annex

Projektauswahl
Project selection

2011

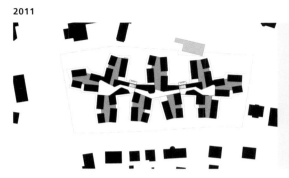

155 – Innovatives Wohn- und Pflegeprojekt Döbling, Wien 19

Innovative residential and nursing care project, Vienna

2007

153 – Bauträger WBW Eurogate, Wien 3

Building developer competition, Eurogate, Vienna

2007

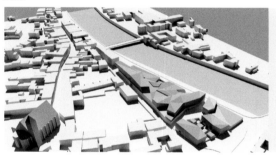

147 – Städtebaulicher WBW Ehemalige Tabakfabrik Schwaz, 3. Preis

Urban planning competition, former tobacco factory Schwaz, Tyrol, 3rd prize

2006

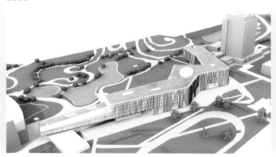

145 – WBW Hotel Therme Oberlaa, Wien 10, 1. Preis

Competition, Hotel Therme Oberlaa, Vienna, 1st prize

2008

142 – Terrassenhaus – Neubau Niedrigenergiewohnhaus und KITA, Wien 10, WBW 2005, 1. Preis

Terrassenhaus – new low energy apartment building and children's daycare centre, Vienna, competition 2005, 1st prize

2005

141 – WBW Schlossinsel Harburg, Berlin

Competition, Schlossinsel Harburg, Berlin

2007

150 – WBW Pavillon Expo Zaragoza 2008

Competition, Expo pavilion Zaragoza 2008

2008

144 – Sanierung, Erweiterung Bestandsgebäude und Dachausbau Schottenring 19, Wien 1

Renovation and extension of existing building, and attic conversion, Vienna

2006

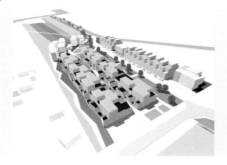

140 – Bauträger WBW Orasteig, Neue Siedlerbewegung, Wien 21

Building developer competition, Orasteig, Neue Siedlerbewegung, Vienna

2007

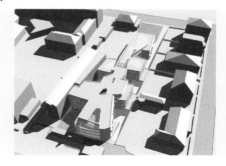

148 – WBW Senioren- und Pflegeheim Am Hofgarten, Innsbruck

Competition, old peoples home and nursing home Am Hofgarten, Innsbruck, Tyrol

2009

143 – Kagraner Spange – LGV, Wien 22, WBW 1. Preis

Kagraner Spange – LGV, Vienna, competition 1st prize

2006

139 – WBW ÖVAG Österr. Volksbanken AG Zentrale, Wien 1

Competition, ÖVAG Österr. Volksbanken AG headquarters, Vienna

122

2005

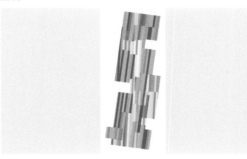

135 – Strukturkonzept TU Wien – Flugfeld Aspern, Wien 22

Structure concept TU Vienna – Aspern airfield, Vienna

2005

132 – WBW Nationalparkzentrum Hohe Tauern

Competition, national park centre Hohe Tauern, Salzburg

2006

126 – Kunstplatz Karlsplatz, Wien 1/4

Kunstplatz Karlsplatz, Vienna

2004

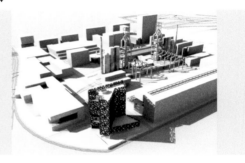

124 – WBW Verwaltungsgebäude Belval, Luxemburg

Competition, administration building Belval, Luxembourg

2003

118 – WBW Wasserwerk Kleehäufel, Wien 22

Competition, waterworks Kleehäufel, Vienna

2003

117 – Studie Dachausbau Opernring 23, Wien 1

Study for attic conversion, Vienna

2004

130 – WBW FH Campus, Gelände Altes Landgut, Wien 10

Competition, FH Campus Altes Landgut site, Vienna

2004

128 – WBW Masterplan Stadtteil Wien Südbahnhof, Wien 10

Competition, master plan for the Südbahnhof area, Vienna

2003

120 – WBW Veranstaltungszentrum Bad Radkersburg

Competition, events centre Bad Radkersburg, Styria

2003

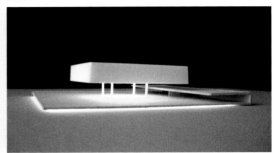

119 – WBW Erneuerung und Erweiterung Museum des 20. Jahrhunderts, Wien 3

Competition, renovation and extension of the Museum des 20. Jahrhunderts, Vienna

2007

116 – Dachausbau Nibelungengasse 1–3, Wien 1

Attic conversion, Vienna

2008

115 – Wohnbau Leystraße 27, Wien 20

Housing project, Vienna

2003

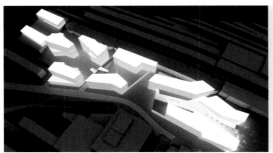

113 – Gutachterverfahren Postareal Bahnhof Salzburg

Expert study, Post Office site, Salzburg railway station

2005

112 – Wirtschaftskammer Niederösterreich, Neubau Zentralgebäude St. Pölten, WBW 1. Preis

New central building for the Chamber of Commerce of Lower Austria, St Pölten, competition 1st prize

2006

106 – Um- und Zubau Favoritenstraße 27, Wien 4

Conversion and extension, Vienna

2003

104 – Um- und Zubau Büro- u. Geschäftshaus Hütteldorferstraße 130, Wien 14

Conversion and extension, office and commercial building, Vienna

2001

100 – WBW Fachhochschule Eisenstadt, Ankauf

Competition, University of Applied Science, Eisenstadt, Burgenland, honourable mention

2001

99 – WBW Randzonen Schloss und Park Schönbrunn, Fiatgründe, Wien 12/13, 2. Preis

Competition for areas on the perimeter of Schönbrunn Palace and Park, Fiat grounds, Vienna, 2nd prize

2007

110 – Wohnhausanlage Rudolf-Virchow-Straße 16, Wien 21

Apartment building complex, Vienna

2004

109 – Wohnhaus Cobenzlgasse 35, Wien 19

Apartment building, Vienna

2002

103 – Betriebsgebäude Wittmann Möbelwerkstätten, Etsdorf/Kamp, NÖ

Company building for Wittmann Möbelwerkstätten, Etsdorf/Kamp, Lower Austria

2001

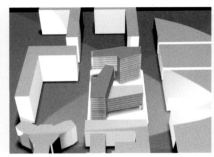

101 – WBW Neubau Office Park, Schwechat

Competition, Office Park, Schwechat, Lower Austria

2004

96 – EU Forschungsprojekt ATELIER – Architecture and Technologies for Inspirational Learning Environments

EU research project ATELIER

2001

95 – Pleasure Dome, Entertainmentcenter, Büro und Geschäftscenter Gasometer, Wien 3

Pleasure Dome entertainment centre, office and shopping centre Gasometer, Vienna

2004

93 – Wohn- u. Bürohaus Boltzmanngasse 24–26, Wien 9

Residential and office building, Vienna

2000

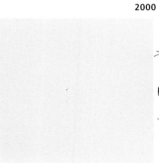

92 – WBW Volksschule Vorgartenstraße, Wien 2, Anerkennungspreis

Competition, primary school Vorgartenstrasse, Vienna, recognition

1990

88 – WBW Kompetenzzentrum Fa. Blaha, Korneuburg, 2. Preis

Competition, competence centre Blaha company, Korneuburg, Lower Austria, 2nd prize

2001

83 – Veranstaltungszentrum Kaiserbahnhof Laxenburg, WBW 1. Preis

Events centre Kaiserbahnhof Laxenburg, Lower Austria, competition 1st prize

1999

80 – Städtebauliches Strukturkonzept Nördliches Umfeld Gasometer, Wien 3

Urban planning structure concept for the area north of the gasometers, Vienna

1998

76 – WBW ZMF Zentrum für Medizinische Grundlagenforschung, LKH Graz

Competition, ZMF Medical Research Centre, LKH Graz, Styria

2000

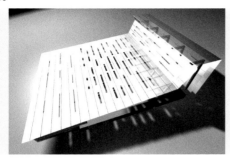

90 – WBW Multifunktionale Halle Salzburg

Competition, multi-functional hall Salzburg

1999

89 – WBW Kunstplatz Karlsplatz, Wien 1/4, 2. Preis

Competition, Kunstplatz Karlsplatz, Vienna, 2nd prize

2007

82 – Wohnhaus Taubstummengasse 10–12, Wien 4

Apartment building, Vienna

2003

81 – Wohn- und Geschäftsbau Wiedner Hauptstraße 135, Wien 5

Residential and commercial building, Vienna

1998

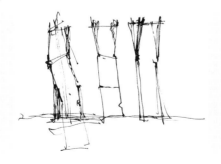

75 – Studie Hochhaus Friedrich Engels-Platz/Handelskai, Wien 20

Study for a high-rise building, Vienna

1998

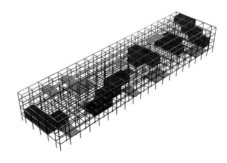

73 – Bauen mit Holz, Altmannsdorfer Anger, Wien 12

Building with Wood, Altmannsdorfer Anger, Vienna

1998

71 – Jugendkulturen '68–'98, Steirische Landesausstellung, Bad Radkersburg

Yougend '68–'98, Styrian Regional Exhibition, Bad Radkersburg, Styria

1997

65 – WBW Erweiterungsbau WIFI, Wirtschaftsförderungsinstitut, St. Pölten

Competition, extension for WIFI, St Pölten, Lower Austria

2001

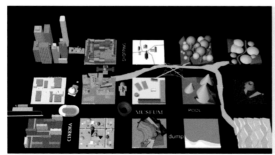

49 – EU Forschungsprojekt DESARTE – The Computer-Supported Design of Artefacts & Spaces in Architecture and Landscape Architecture

EU research project DESARTE

2001

70 – Eurocity Kino-Center, Bahnhofsvorplatz Salzburg, WBW 1. Preis

Eurocity cinema centre, Salzburg, competition 1st prize

1997

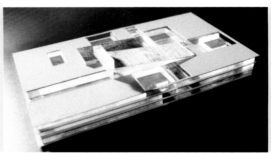

62 – WBW Frequentis Eibesbrunnergasse, Wien 10, Büros, Forschung, Produktion, 1. Preis

Competition, Frequentis, Vienna, offices, research, production, 1st prize

1995

47 – Städtebauliches Expertenverfahren Thürnlhofstraße, Wien 11, 2. Preis

Urban planning competition with invited experts, Vienna, 2nd prize

2000

69 – Institutsgebäude TU Wien, Favoritenstraße 9–11, Wien 4

Institute Building Vienna University of Technology, Vienna

1997

58 – Umbau Palais Equitable, Stock im Eisen-Platz 3, Wien 1

Adaptation of Palais Equitable, Vienna

1995

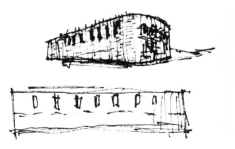

40 – Betriebsgebäude MA 31, Wasserturm Raxstraße, Wien 10, WBW 1. Preis

Operations building MA 31, Vienna, competition 1st prize

1997

67 – Tor Gymnasium Stubenbastei, Stubenbastei 6–8, Wien 1

Entrance door, Stubenbastei secondary school, Vienna

1996

57 – Millenniumsworkshop, Die konkrete Utopie – Strukturelemente der Stadt, Wien

Millennium workshop, The Concrete Utopia – Structural Elements of the City, Vienna

1996

39 – Betriebsgebäude Austria Email Eibesbrunnergasse, Wien 10, WBW 1. Preis

Austria Email Building, Vienna, competition 1st prize

1995

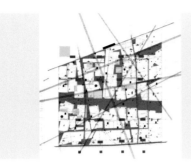

37 – Städtebauliches Leitprojekt Altes Flugfeld Aspern, Wien 22, WBW 1. Preis

Urban design pilot project, former airfield Aspern, Vienna, competition 1st prize

1990

25 – Wandleuchte Einfach

Wall-lamp Einfach ("Simple")

1989

15 – Umbau Hermanngasse 29, Wien 7

Conversion, Vienna

1993

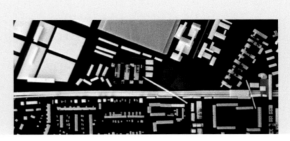

35 – Städtebauliche Studie Entwicklungsgebiet S 80/B 3d, Wien, WBW 1. Preis

Urban planning development study S 80/B 3d, Vienna, competition 1st prize

1992

23 – Wohnhausanlage Rothenburgstraße 2, Wien 12

Housing development, Vienna

1986

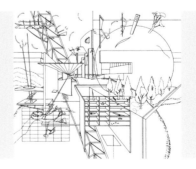

10 – WBW AHS Allgemeinbildende Höhere Schule Graz

Competition, AHS secondary school Graz, Styria

1995

33 – Penthouse Seilergasse 16, Wien 1

Penthouse, Vienna

1994

31 – Hauptschule der Stadt Wien, Absberggasse 50, Wien 10

Secondary school of the City of Vienna

1991

17 – Wohnhausanlage Siegesplatz/Benjowskigasse Aspern, Wien 22

Housing development Aspern, Vienna

1991

16 – Wohnbau Waidhausenstraße 24, Wien 14

Housing development, Vienna

1984

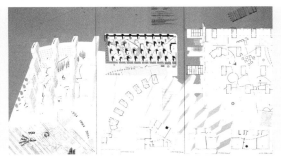

5 – WBW Wohnen und Stadterneuerung Engerthstraße, Wien 2

Competition, housing and urban renewal project, Vienna

Biografien

Rüdiger Lainer

Rüdiger Lainer studierte zunächst Physik, Soziologie und Malerei in Wien und Paris, danach von 1971–78 Architektur an der Technischen Universität Wien. Seit 1985 freischaffender Architekt. 1997 Berufung als Professor und Leiter der Meisterschule für Architektur an die Akademie der bildenden Künste Wien, Lehrtätigkeit bis 2006. Mitglied des Gestaltungsbeirats von Krems (1996–99) und von Salzburg (seit 2004 Vorsitzender) sowie Vorsitzender des Fachbeirats Wien (seit 2006). Seit 2005 Büropartnerschaft mit Oliver Sterl: Rüdiger Lainer + Partner Architekten.

Mit seinem Büro hat Rüdiger Lainer Projekte unterschiedlichster Größen-ordnung und Thematik bearbeitet: von der sanften Erneuerung eines Stadthauses (1989) bis zu mehreren Wohnhausanlagen (1991, 1992, 2003, 2004), von der Steiermärkischen Landesausstellung „Yougend" (1998) über mehrere Schulprojekte bis zum konzeptionellen städtebaulichen Projekt für das Flugfeld Aspern, Wien-Donaustadt (1995) und das Struktur-konzept „Nördliches Umfeld Gasometer", Wien-Landstraße (1999). Wesentliche Bauwerke: Hauptschule Absberggasse, Wien-Favoriten (1994), Penthouse Seilergasse, Wien-Innere Stadt (1995), Cineplexx Kinocenter am Salzburger Bahnhofsvorplatz (2001), Urban Entertainment Center „Pleasure Dome", Wien-Landstraße (2001), Neubau der Wirtschaftskammer Niederösterreich, St. Pölten (2005), Kunstplatz Karlsplatz, Wien-Innere Stadt / Wieden (2006). Derzeit in Bau befinden sich u.a.: Flexible Wohn-struktur, Wien-Wieden; Wohnbaucluster „Terrassenhaus" mit 250 Woh-nungen, Wien-Favoriten; Penthouse mit Blick auf den Karlsplatz, Wien-Innere Stadt.

Rüdiger Lainer war bei wichtigen Ausstellungen vertreten u.a.: Biennale di Venezia (1991 und 1996), Einzelausstellung Galerie Aedes, Berlin (2004), „Revision der Postmoderne"/DAM (2004) und hat mehrere Preise erhalten, darunter Österreichischer Staatspreis für Experimentelle Tenden-zen in der Architektur (1989), AIA – American Institute of Architects / European Chapter – Excellence in Design für das Penthouse Seilergasse (1995), Preis der Stadt Wien (2004), Bauherrenpreis der Zentralvereinigung der Architekten Österreichs (1991, 1995, 2001 und 2006).

Oliver Sterl

Oliver Sterl stammt aus Villach, Kärnten, und studierte nach der HTBLA Hochbau an den Technischen Universitäten von Graz und Wien Architektur; Diplom 1999. Bereits während des Studiums intensive praktische Tätigkeit in Villach, Berlin und Wien, u.a. bei Arch. Bernd Walther, Berlin (1995) und bei Auböck + Kárász, Wien (1996–99), wo er projektleitend Ausstellungsgestaltungen, Bauprojekte sowie Garten- und Landschaftsgestaltungen bearbeitete.
Seit 2000 im Architekturbüro Rüdiger Lainer mit gewichtigen Projektleitungen befasst; 2004 Befugnis als Architekt; seit 2005 Partner und Geschäftsführer von Rüdiger Lainer + Partner Architekten.
Wichtige Bauten als Projektleiter und mit Rüdiger Lainer: Cineplexx Kinocenter am Salzburger Bahnhofsvorplatz (2001), Zu- und Umbau Favoritenstraße, Wien-Wieden (2005), Neubau Wirtschaftskammer Niederösterreich, St. Pölten (2005), Zu- und Umbau Schottenring 19, Wien-Innere Stadt (in Planung).

Walter Zschokke

Architekt, Publizist. Geboren 1948 in der Schweiz. 1973 Architekturdiplom ETH Zürich, 1986 Dr.sc.techn. ETH. Seit 1985 in Wien. Seit 1988 regelmäßige Architekturkritik in „Die Presse–Spectrum", Wien. Seit 1989 gemeinsames Architekturbüro mit Architekt Walter Hans Michl, Wien. Einige Buchpublikationen, diverse Beiträge in Fachzeitschriften.
1999 Baupreis der Stadt Aarau; 2005 Preis der Stadt Wien für Publizistik; 2006 Würdigungspreis des Landes Niederösterreich für Architektur.

Biographies

Rüdiger Lainer

Rüdiger Lainer initially studied physics, sociology and painting in Vienna and Paris and then, from 1971–78, architecture at Vienna University of Technology. He has worked as self-employed architect since 1985. In 1997 he was appointed professor and head of the master school for architecture at the Academy of Fine Arts, Vienna, where he taught until 2006. He was a member of the design advisory council in Krems from 1996–99 and has been chairperson of a similar body in Salzburg since 2004, he has also been chairperson of the Expert Commission for Urban Planning and Design in Vienna since 2006. Since 2005 he has worked in partnership with Oliver Sterl under the title: Rüdiger Lainer + Partner Architekten.

With his office Rüdiger Lainer has worked on projects of various sizes that deal with a variety of themes: from the "soft" renovation of an urban apartment building (1989) to a number of apartment complexes (1991, 1992, 2003, 2004), from the Styrian Regional Exhibition "Yougend" (1998) to several school designs, to the urban concept study for Aspern airfield, Vienna-Donaustadt (1995), and to the structural concept "northern surroundings of the gasometer", Vienna-Landstrasse (1999). Most important buildings: Absberggasse secondary school, Vienna-Favoriten (1994); Penthouse Seilergasse, Vienna-Inner City (1995); "Cineplexx" cinema centre, Salzburg (2001); "Pleasure Dome" urban entertainment centre, Vienna-Landstrasse (2001); Chamber of Commerce of Lower Austria, St Pölten, (2005); Kunstplatz Karlsplatz, Vienna-Inner City/Wieden (2006). Projects presently under construction include: Flexible housing structure, Vienna-Wieden; "Terrassenhaus" housing cluster with 250 apartments, Vienna-Favoriten; Penthouse Karlsplatz, Vienna-Inner City.

Rüdiger Lainer has taken part in important exhibitions including: Biennale di Venezia (1991 and 1996), one-man exhibition in Galerie Aedes, Berlin (2004), "Revision of Postmodernism", DAM, Frankfurt (2004), and has been awarded a number of prizes, among them the Austrian State Award for Experimental Tendencies in Architecture (1989); the AIA – American Institute of Architects / European Chapter – Excellence in Design award for the Penthouse Seilergasse (1995); the Prize of the City of Vienna for Architecture (2004); the Clients' Award of the Central Association of Austrian Architects (1991, 1995, 2001 und 2006).

Oliver Sterl

Oliver Sterl comes from Villach in Carinthia. After completing the HTBLA (technical school) in building he studied architecture at the University of Technology in Graz and Vienna, graduating in 1999. During his studies he gained intensive practical experience in Villach, Berlin and Vienna working for (among others) architect Bernd Walther, Berlin (1995), and for Auböck + Kárász, Vienna (1996–99), as project manager for exhibition designs, building projects, as well as garden and landscape designs. Since 2000 he has headed important projects in the office of Rüdiger Lainer; he became a certified architect in 2004; since 2005 he has been partner and manager of Rüdiger Lainer + Partner Architekten. Important buildings as project manager and with Rüdiger Lainer: "Cineplexx" cinema centre, Salzburg (2001), addition and conversion Favoritenstrasse, Vienna-Wieden (2005), Chamber of Commerce of Lower Austria building, St Pölten (2005), extension and conversion of no. 19 Schottenring, Vienna-Inner City (at the planning stage).

Walter Zschokke

Architect and journalist, was born in Switzerland in 1948. He took his degree in architecture from the ETH Zurich in 1973 and was awarded his Dr. sc. techn. by the same university in 1986. He has lived in Vienna since 1985 and from 1988 onwards has regularly written architectural criticism for "Die Presse / Spectrum", Vienna. Walter Zschokke has run a joint practice with architect Walter Hans Michl in Vienna since 1989. He has written several books and made diverse contributions to specialist journals. In 1999 he won the building prize of the town of Aarau (Switzerland); in 2005 he received the Prize of the City of Vienna for Journalism and in 2006 was awarded the Prize of the State of Lower Austria in recognition of his services to architecture.

Projektteam Wirtschaftskammer NÖ
Project team

Generalplanung + Architektur General planning and architecture	Rüdiger Lainer + Partner Architekten ZT GmbH	Rüdiger Lainer, Oliver Sterl
Statik Structural engineer	Fritsch, Chiari + Partner ZT GmbH	Robert Schedler, Michael Fritsch
HKLS Heating, cooling, ventilation, sanitary services	ZFG Projekt GmbH	Harald Landstetter
Elektroplanung Electrical services planning	TB Eipeldauer	Franz Brandstätter, Nabil Mahmoudi
ÖBA Site supervision	Fritsch, Chiari + Partner ZT GmbH	Karl Degendorfer, Ralf Morawski
Bauphysik Building physics	DI Prause	Walter Prause
Farbkonzept Colour concept	Oskar Putz	
Grafisches Leitsystem Graphical directional system	Fineline	Erich Monitzer
Landschaftsplanung Landscape planning	Auböck + Kárász Landschaftsarchitekten und Architekten	Maria Auböck
Brandschutz Fire safety	TU Wien, Institut für Hochbau und Technologie	Ulrich Schneider
Vermessung Surveyor	DI Hans Schubert	Anton Winkelmüller
Verkehrsplanung Traffic planning	Lust Zivilingenieur für Bauwesen	Erich Lust, Peter Zwölfer
Lichtsimulation Light simulation studies	Bartenbach LichtLabor GmbH	Helmut Guggenbichler
Projektmanagement, Planungs- und Baukoordination Project management, coordination of planning and construction	Vasko + Partner Ingenieure ZT GesmbH	Elmar Langer, Christina Dammerer
Abwicklung Vergaberechtliches Verfahren Management of public procurement process	Platzer + Partner Unternehmens-beratungs GmbH	Martin Platzer, Uwe Sandrisser
Baufirma Building contractor	PORR Projekt- und Hochbau AG	Wolfgang Greibich
Stahlbau Structural steelwork	Heinrich Renner GmbH	Peter Giel

Architekturbüro
Architects

Projektteam Architektur Wirtschaftskammer NÖ
Architecture project team

Rüdiger Lainer
Oliver Sterl — Projektleitung / Project manager
Bettina Litschauer — Projektleitung / Project manager
Ulrike Lenger
Klaus Leitner
Julia Zeleny

MitarbeiterInnen 2001–2007
Coworkers

Andreas Aichholzer
Franz Bauernhofer
Andreas Baumgartner
Claudia Baumgartner
Patricia Beierl
Helene Bihlmaier
Isabella Bucher
Christian Fötschl
Angelika Freudenwald
Almut Fuhr
Christoph Gahleitner
Alexandra Gomoletz
Andrea Grassmugg
Karin Grausam
Dimitrina Hadzhihristeva
Florentine Helmcke
Elena Henrich
Jiri Hlavka
Viktor Jagsch
Oliver Jahnke
Hanna Jakob
Josef Jakob
Stephan Klammer
Christoph Küpper
Constanze Kutzner
Michael Lange
Klaus Leitner
Ulrike Lenger

Bettina Litschauer
Andrea Lorenz
Markus Major
Anja Mayr
Eliane Mertens
Heidelinde Mickal
Smriti Pant
Markus Rietzler
Miriam Schneider
Andreas Schrader
Maren Schröder
Gottfried Seelos
Maria Siencnik
Gernot Soltys
Michael Strobl
Antonius Thausing
Jaroslav Travnicek
Christoph Wassmann
Alfred Willinger
Anja Wünsche
Julia Zeleny

Bibliographie Auswahl
Selected publications

Publikationen zur Wirtschaftskammer
Selected articles about the project

Elke Krasny, Theresia Hauenfels (Hg.)
Architekturlandschaft Niederösterreich – Mostviertel | Lower Austria – The Architectural Landscape Mostviertel Region, Verlag Anton Pustet, Salzburg 2007

Walter Zschokke
„Feuerwerk der Raumlust. Keine Glasfassade und doch ein Bürohaus", in: *Die Presse, Spectrum,* 4.2.2006

Hans Hollein (Kurator)
Sculptural Architecture in Austria, Ausstellungskatalog National Art Museum of China, Verlag Anton Pustet, Salzburg 2006

Walter Zschokke, Marcus Nitschke (Hg.)
Orte. Architektur in Niederösterreich 1997–2007, Bd. 2.1, Springer Verlag, Wien–NewYork 2006

Christoph Warnke
„Abschied von der Tintenburg", in: *Architektur & Bau Forum, FORUM/Office,* 10/2005

Wojciech Czaja
„Gute-Laune-Mehrwert, Wirtschaftskammer? Das klingt nach gestärktem Hemd und ernster Miene ...", in: *Der Standard, Album,* 13.8.2005

Wojciech Czaja
„Ist Lainer ein Verbrecher? ... fragt sich Loos", in: *Architektur & Bau Forum, Skin* 02/Oktober 2004

Gisela Gary
„Verwaltungsbau mit Weitblick, Wirtschaftskammer Niederösterreich, St.Pölten", in: *Architektur & Bau Forum, Bauzustand,* 05/März 2004

Bücher und Kataloge
Books and Catalogues

Joachim Fischer (Hg.)
1000 x European Architecture, Verlagshaus Braun, Berlin 2007

Mark Steinmetz
Neues Wien, Wiener Baukultur 1996–2006, Verlagshaus Braun, Berlin 2006

August Sarnitz
Wien – Neue Architektur 1975–2005, Springer Verlag, Wien–New York 2005

Ralf Wollheim
Patterns. Muster in Design, Kunst und Architektur, Birkhäuser Verlag,
Basel–Boston–Berlin 2005

Klaus Pandi
wiener wohn_bau 1995–2005, Holzhausen Verlag, Wien 2005

Christian Schönwetter
Vienna, Architecture and Design, and : guide, teNeues, Kempen 2005

Walter Zschokke, Rüdiger Lainer
Ornament und die Tiefen der Oberfläche – Rüdiger Lainer,
Ausstellungskatalog, Aedes, Berlin 2004

Ingeborg Flagge, Romana Schneider (Hg.)
Revision der Postmoderne, DAM Deutsches Architekturmuseum Frankfurt,
Ausstellungskatalog, Junius Verlag, Hamburg 2004

The Phaidon Atlas of Contemporary World Architecture, Phaidon Press
Limited, London 2004

Maria Welzig (Autorin), Wieland Schmid (Hg.)
Geschichte der bildenden Kunst in Österreich, 20. Jahrhundert, Bd. VI,
Prestel Verlag, München 2002

Hans Hollein (Hg.)
*Art Architecture Design, Austrian contemporary art, architecture and
design,* Ausstellungskatalog, Shanghai, Wien 2001

Gerfried Sperl
Österreichische Architekten im Gespräch, Verlag Anton Pustet,
Salzburg 2000

Walter Zschokke, Rüdiger Lainer
Stadt, Bau, Werke, Projekte, Monographie, Birkhäuser Verlag,
Basel–Boston–Berlin 1999

August Sarnitz
*Bauen in Europa, Österreichische Architekten im Europa des
20. Jahrhunderts,* Springer Verlag, Wien–New York 1999

Walter Zschokke, Otto Kapfinger
new austrian architecture, architektur szene österreich, Verlag Anton
Pustet, Salzburg 1999

Jugendkulturen 68–98, Steirische Landesausstellung '98, Katalog, Graz 1998

International Architecture Yearbook, The Images Publishing Group, Victoria 1997

Gunda Dworschak, Alfred Wenke (Hg.)
Neue Wohnexperimente, Internationale Projektbeispiele, WEKA Baufachverlag, Augsburg 1997

Ingerid Helsing Almaas
Vienna, Objects and Rituals. Architecture in Context, Ellipsis Könemann, Köln–London 1997

Rüdiger Lainer
Hauptschule Absberggasse, Wien-Favoriten 1994, Architektur und Farbe, Architektenkammer, Berlin 1997

Emerging voices. Rüdiger Lainer. 6th international architecture exhibition. Sensing the future. The architect as seismograph. La Biennale di Venezia 1996

Dietmar Steiner
Architektur aus Österreich 1896–1996, Kunst- und Ausstellungshalle Bonn (Hg.), Prestel Verlag, München–New York 1996

Ramesh Kumar Biswas (Hg.)
Innovative Austrian Architecture, M 1:333, Springer Verlag, Wien–New York 1996

Friedrich Achleitner
Österreichische Architektur im 20. Jahrhundert, Residenz Verlag, Salzburg–Wien 1995

Annette Becker, Dietmar Steiner, Wilfried Wang (Hg.)
Architektur im 20. Jahrhundert – Österreich, Ausstellungskatalog, DAM Deutsches Architekturmuseum, Prestel Verlag, München–New York 1995

Frank Dimster
Die neue österreichische Architektur, Kohlhammer Verlag, Stuttgart–Berlin–Köln 1995

13 austrian Positions, Biennale di Venezia 1991, Ritter Verlag, Klagenfurt 1991

Dietmar Steiner
Neuer Wiener Wohnbau | New Austrian Architecture, Compress-Verlag,
Wien 1986

Wiener Wohnbau. Wirklichkeiten, MA 19–Stadtgestaltung (Hg.),
Wien 1985

Integrated Design Studio, Rüdiger Lainer, Sabine Riss, Dieter Spath
(Hg.)
Brazilian Conditions, Complex and Simple, Springer Verlag, Wien–NewYork
2006

Rüdiger Lainer, Heidi Pretterhofer, Dieter Spath (Institut für Kunst
und Architektur)
*Lagerhaus Remake, Architektonische Handlungsansätze für die
Umgestaltung des Handelsunternehmens „Unser Lagerhaus",* RWA
Eigenverlag, 2005

Ina Wagner, Rüdiger Lainer
*Pratiques et Parcours. La planification ouverte – une réflexion sur les
méthodes et le rôle de l'architecte,* Cahiers Rameau 3 – Activités
d'architectes en Europe – nouvelles pratiques, Paris 2004

Ina Wagner, Rüdiger Lainer
Designing a visual 3D interface – a reflection on methods, ACM
Interactions X.6, New York 2000

Rüdiger Lainer, Ina Wagner
Silent Architecture – Narrative Technology. Digital Creativity 11/3,
London 2000

Ina Wagner, TU Wien (Hg.)
*DESARTE. The Computer-Supported Design of Artfacts & Spaces in
Architecture, Landscape Architecture, Industrial Design, IT Design, Esprit
LTR Project N° 221870. First Phase Final Report: Part 1,* Wien 1997

Rüdiger Lainer
*Die Regeln, die Vielfalt und der Gebrauch. Läßt sich die instrumentelle
Phantasie wachküssen,* HdA Dokumente zur Architektur, Heft 2, Graz 1994

Studien
Research

Abbildungsverzeichnis
Credits

Seite 1–117
Page 1–117

Fineline – Erich Monitzer
Seite: 79

Hertha Hurnaus
Seiten: 9, 14

office le nomade
Seite: 93

Atelier Schwanzer
Seite: 18

Margherita Spiluttini
Seiten: 8, 9, 10, 11, 13, 14, 15, 16,
20, 21, 22, 24, 29, 32, 33, 40, 42, 43,
44, 48, 50, 51, 54, 55, 56, 57, 76

Gert Walden
Umschlagbild, Seiten: 12, 17, 27, 28,
31, 34, 35, 36, 39, 40, 41, 45, 47, 65,
69, 72, 73, 75, 77

Wirtschaftskammer NÖ
Seite: 92

Gerald Zugmann
Seite: 17

a+o
Seiten: 46, 50, 52, 53, 60, 62, 63,
70, 71, 80, 82, 84, 86

Büro Lainer
Seiten: 25, 37, 61, 74, 84, 85, 87,
90, 92, 105

Anhang
Annex

AnnA BlaU
Seiten: 124c, 129a

Büro für Kommunikation GmbH –
Schreiner, Kastler
Seite: 123f

Pez Hejduk
Seiten: 126d, 129b

Hertha Hurnaus
Seite: 127d

Jan Krizik
Seiten: 122d, 123b+e

LAUBlab
Seite: 124e

office le nomade
Seiten: 121c+d+f, 122e, 123a, 127c

Studio Paschernegg
Seite: 128a

Margherita Spiluttini
Seiten: 125f, 128b, 129c, 130d+e,
131a+b+c+d

Petr Tylk
Seite: 124f

Gert Walden
Seiten: 122c, 125a+b, 126a

Gerald Zugmann
Seite: 124d

Büro Lainer
alle anderen / all others